생명의 꽃
묘법연화

生命의 꽃 妙法蓮華
묘법연화

편저
석봉곡

조계종
출판사

목 차

발원문 --- 6
묘법연화경(妙法蓮華經) ------------------------------- 8
서품 제1 --- 10
방편품 제2 --- 16
비유품 제3 --- 24
신해품 제4 --- 34
약초유품 제5 --- 41
수기품 제6 --- 51
화성유품 제7 --- 56
오백제자수기품 제8 ----------------------------------- 63
수학무학인기품 제9 ----------------------------------- 69
법사품 제10 -- 73
견보탑품 제11 -- 79
제바달다품 제12 -------------------------------------- 85
권지품 제13 -- 90
안락행품 제14 -- 96
종지용출품 제15 ------------------------------------- 105

여래수량품 제16 ---------------------------------- 111

분별공덕품 제17 ---------------------------------- 117

수희공덕품제18 ----------------------------------- 122

법사공덕품 제19 ---------------------------------- 127

상불경보살품 제20 -------------------------------- 133

여래신력품 제21 ---------------------------------- 138

약왕보살본사품 제22 ------------------------------ 144

묘음보살품 제23 ---------------------------------- 153

관세음보살보문품 제24 ---------------------------- 160

다라니품 제25 ------------------------------------ 168

묘장엄왕본사품 제26 ------------------------------ 175

보현보살권발품 제27 ------------------------------ 181

촉루품 제28 -------------------------------------- 190

묘법연화경 약찬게 -------------------------------- 194

법화삼매 참회법 ---------------------------------- 207

대승육정참회 ------------------------------------- 237

발 원 문

영산회상 항상 계셔 일승의 법 설하시는
석가모니 부처님과 경전 중에 최고의 경
실상묘법 연화경과 문수·보현 많고 많은
보살들께 온 마음을 기울여서 절하오니

바라건대 제가 이제 법화경의 이십팔 품
각 품마다 그 내용을 요약하고 혹은 찬탄
때론 발원·수희하여 게송으로 편찬할새
삼보께선 정녕 가피 그윽하게 드리우사

독송하는 모든 분이 신심 한껏 고양되게
하시옵고 법화삼매 참법 또한 부지런히
닦고 닦아 육근 청정 성취하여 세세생생
모두 함께 법화회상 노닐도록 하옵소서!

나무법화교주 석가모니불!
나무진정대법 실상묘법연화경!
나무법화회상 무량무변 일체보살마하살!

禮佛要妙[1]
예불요묘

예불하고 예불 받음 그 본성이 텅 비어서
빈 골짜기 메아리로 답하듯이 중생에게
응하시는 부처님의 가피! 정녕 신묘하고
저희 도량 인타라망[2] 구슬 같아 시방세계
삼보께서 겹겹으로 에워싸고 오시도다.

能禮所禮性空寂 感應道交難思議
능 예 소 예 성 공 적 감 응 도 교 난 사 의

我此道場如帝珠 十方三寶影現中
아 차 도 량 여 제 주 시 방 삼 보 영 현 중

- 법화경을 독송하실 적 각 품 끝에 그 품에 해당하는 이 약찬게를 이어서 독송하신다면, 그 품의 뜻이 더욱 명료해지고 아울러 그 공덕 또한 배가되기를 부처님 전에 발원하옵니다.
1) 이 부분은 매번 시작 전에 독송하면 됨.
2) 인타라망 : 제석천에 있는 보배 그물. 하나하나 그물코마다 보배 구슬이 달려 있어 다시 다른 모든 보배 구슬의 그림자가 비치고, 그 하나하나의 그림자 속에 다른 모든 보배 구슬의 그림자가 서로서로 겹겹으로 끝없이 비추되, 장애가 없음을 비유함.

묘법연화경(妙法蓮華經)

마음 마음 마음이여! 마음 떠나
부처 없고 마음 떠나 중생 없어
마음 마음 마음일 뿐! 마음 알아
부처이며 마음 몰라 중생인데

이 마음은 모양 없어 표현할 말
전혀 없고 생각마저 끊겼으니
묘하고도 묘하여서 묘법이라!
애오라지 고요하고 청정하며

집착 없어 하얀 연꽃 비유할새
그 비유가 절묘하고 절묘하여
묘한 법이 바로 하얀 연꽃이며
하얀 연꽃 그대로가 묘법이라.

묘법연화! 한 번 불러 싹이 트고
두 번 불러 꽃이 피고 묘법연화!
독송하고 베껴 쓸새 싹이 트고

꽃이 피며 열매 동시 맺거니와

두두물물 그 모두가 묘법연화!
진흙 속의 연꽃처럼 번뇌 속에
해탈의 꽃 맑고 밝게 피어날새
이 경 통째 최상승선 활구이며[3]

방앗간서 밀 빻을 적 처음에는
거칠다가 빻을수록 고와지듯
법화경도 읽을수록 중생 마음
유순해져 기별 받을 그릇될 터!

신심 가득 기쁨 가득 지니리다.

부처님의 지혜 광명 환히 밝힌
삿다르마 푼다리카 수트라여![4]
이 마음이 하얀 연꽃! 거룩하고
거룩하다 나무실상묘법연화경!

---

3) 최상승선(最上乘禪) : 이 마음이 곧 부처로 자기 마음을 환히 알면 그게 성불이라는 선(禪).
   활구(活句) : 일체 사량분별이 끊긴 살아있는 언어로 곧 조사선의 화두를 일컬음.
4) 묘법연화경을 산스크리트어로는 '삿다르마 푼다리카 수트라'라 함.

묘법연화경 서품 제1

여래 항상 계시옵는 왕사성의
영취산에 많은 비구·비구니들
우바새와 우바이들 또한 팔만
보살들과 많고 많은 천룡팔부

모였거늘 석가세존 무량의경
설하시고 무량의처 삼매 드셔
몸과 마음 부동커늘 하늘에선
만다라꽃·만수사꽃 흩뿌리고

온 대지는 6종으로 진동할새
이러한 일 미증유라 모인 대중
환희용약 하였거늘 저희들도
덩더더쿵 덩실 춤을 추옵니다.

즈음하여 여래께서 눈썹사이
백호광명 놓으셔서 동쪽으로
1만8천 세계 두루 비추오니

　　　　부처님들 설법 모습 보였으며

　　　　가릉빈가 음성으로 설하시는
　　　　법문들도 들렸으며 아울러서
　　　　사부대중 가지가지 수행으로
　　　　도(道) 얻음도 보였으며 대보살들

　　　　육바라밀 행하심도 보였으며
　　　　제불들의 반열반과[1] 열반하신
　　　　뒤에 세운 사리탑도 보였나니
　　　　미륵보살 불가사의 희유한 일

　　　　이런 상서 이유 몰라 놀란 대중
　　　　그 의심을 풀어 주려 문수사리
　　　　법왕자께 자초지종 물었거늘
　　　　한량없는 무수겁 전 같은 명호

　　　　2만 분의 일월등명 여래께서

---

1)　반열반(般涅槃) : 부처님의 완전한 열반 곧, 무여열반(無餘涅槃).

행하신 일 문수보살 밝히오니
마지막의 일월등명 여래께서
같은 상서 보인 것은 묘광보살 (妙光)

인연하여 묘법연화 설하시기
위함이라 구구절절 모든 말씀
찰나삼매 그 속에서 맑고 맑은
음성으로 60소겁 설하신 뒤

덕장보살 '정신'이라 수기하고 (淨身)
제불여래 백천만겁 만나 뵙기
어려우니 방일하지 말라시며
한밤중에 무여열반 드셨거늘

묘광보살 80소겁 법화경을
두루 널리 폈거니와 여덟 왕자
묘광법사 교화받고 무상도를
굳건히 해 부처님들 친견하고

성불하여 차례차례 수기하니

마지막은 연등여래! 청정한 맘
전하시는 등불일새 저희들도
자기 등불·진리 등불 켜오리다.

즈음하여 묘광법사 한 제자가
있었으니 게으르고 명리에만
탐착하여 구명이라 불렸으나 (求名)
착한 업을 많이 지어 많고 많은

부처님들 친견하고 공양한 뒤
성불하여 미륵이라 불린다니
그 당시의 묘광법사 문수시며
게으른 자 바로 그가 미륵이라.

일월등명 부처님의 여덟 왕자
출가했듯 억겁 세월 피운 망상
쳐부수고 온갖 명리 탐착해 온
지난 세상 말끔하게 씻어내어

저희 모두 미륵회상 태어나리.

미간 백호 그 광명은 중도실상[2]
불지혜로 바야흐로 일승의 길
묘법연화 이십팔품 대법회가
열렸으니 영취산에 모인 대중

그 이름만 부르고도 모두 가피
입을 거며 법화행자 독송하는
그 목소리 듣고서는 천룡팔부
덩더더쿵 덩실덩실 춤을 출새

이제 저희 큰 서원을 세우오니
이 경전을 독송하고 베껴 쓰고
해설하여 시방세계 곳곳마다
묘법연화 두루 널리 펴오리다.

부처님의 지혜 광명 환히 밝힌
삿다르마 푼다리카 수트라여!
이 마음이 하얀 연꽃! 거룩하고

---

2) 중도실상(中道實相) : 부처님께서 깨달으신 중도 곧, 연기의 참모습.

거룩하다 나무실상묘법연화경!

묘법연화경 서품 제1 마침

묘법연화경 서품 제1

묘법연화경 방편품 제2

삼매에서 일어나신 세존께서
부처님의 지혜·방편 깊고 깊어
지혜제일 사리불과 불퇴전의
보살들이 갈대같이 함께 모여

생각해도 알 수 없되 믿음 지닌
보살만은 제외라고 하시면서
이와 같은 모습·성질·본체와 힘·
이런 작용·인연·과보·본말구경 (十如是)

오직 삼세 제불만이 환히 알 뿐
더욱이나 말과 글로 표현할 길
없으리니 '그만두자' 하시거늘
사리불이 세 번이나 간청할새

위대하신 진리의 비 내리시고
위대하신 진리 소라 부시옵고
위대하신 진리의 북 두드려서

　　　　진리의 빛 펼쳐지게 되었도다.

　　　　즈음하여 오천 명의 뽐내는 자[1]
　　　　물러가니 쭉정이는 사라지고
　　　　알맹이만 남은 대중 위하여서
　　　　석가세존 사자후를 토하시되

　　　　과거·현재·미래 모든 부처님들
　　　　이 세상에 출현하신 크고도 큰
　　　　그 인연은 중생에게 부처 지혜
　　　　열어젖혀 청정심을 얻게 하고 (開)

　　　　중생에게 부처 지혜 보여주어 (示)
　　　　중생들이 부처 지혜 깨달아서 (悟)
　　　　모든 중생 부처 지혜 들어가게 (入)
　　　　방편의 문 활짝 열어 참모습을

　　　　드러내기 위함이라 하시거늘 (開權顯實)[2]

---

1) 뽐내는 자 : 증상만인.
2) 개권현실(開權顯實) : 방편을 열어 실상을 드러낸다는 뜻.

우리 세존 마찬가지 보리수하[3]

도량에서 처음 정각 이루시고

삼칠일을 사유한 뒤 오탁악세

중생 위해 대자비심 일으키사

바라나시[4] 가신 이후 사십여 년

방편으로 인도하여 무르익자

일불승에 들어오게 하시도다.

제불여래 부처 지혜 설하려고

이 세상에 나오시니 그게 바로

일승으로 이 마음이 부처란 걸

확실하게 믿게 하기 위함이라.

이 마음은 본래 항상 고요하고

물듦 없이 깨끗할새 하얀 연꽃

활짝 피워 일체종지[5] 성취해야

---

3) 보리수하(菩提樹下) : 부처님께서 깨달으신 나무 곧, 보리수 아래.
4) 바라나시 : 중인도의 마가다국 서북쪽에 있는데, 이곳의 녹야원에서 최초로 설법을 하심.
5) 일체종지(一切種智) : 일체 모든 것을 속속들이 아는 부처님의 지혜.

부처님의 크신 은혜 갚으리니.

　　　일체중생(一切衆生) 위하여서
　　　사무량심(四無量心)·사무애와
　　　사무소외(四無所畏)·십력 등의
　　　미증유법 성취하신 세존이셔!

　　　8해탈과 온갖 삼매 이루시고
　　　삼십이상·팔십종호 거룩하신
　　　모습으로 장엄하사 광명으로
　　　세간 두루 비추시는 세존이셔!

　　　법이 본래 자성[6] 없음 알면서도
　　　부처 종자 인연 따라 생기므로
　　　일불승을 설하시는 지혜·복덕
　　　구족하신 삼계 스승 세존이셔!

　　　풀 한 포기·티끌 하나 그대로가
　　　마음 아님 없다는 걸 도량에서

---

6)　자성(自性) : 고정불변의 독자적인 본성

깨치시고 일체중생 위하여서
대자대비 베푸시는 세존이셔!

모든 중생 욕망·성격·지난 생의
선·악업을 잘도 아셔 가지가지
인연·비유·언사들로 상대 따라
방편으로 설하시는 세존이셔!

삿된 견해 그물망에 빠져서는
고집스레 집착하고 아만심과
자존심만 팽대했고 아첨하고
진실하지 못했으며 억겁 세월

관념 속에 집착하여 교만심을
내었거니 이제 저희 부처님께
참회하며 청정하게 불도만을
구하면서 일승의 길 걸으리다.

천이백의 아라한들 그들 위해
모든 의심 끊어주어 전부가 다

성불한다 믿게 한 뒤 생각 끊긴
그 자리를 설하시는 세존이셔!

모든 법의 적멸상은 말과 글로
펼 수 없어 만억 가지 방편으로
시의적절 설하시는 이 세상의
훌륭하고 으뜸이신 세존이셔!

혹은 기쁜 마음으로 부처님 덕
칭송하되 한마디만 하였어도
성불했단 말씀 듣고 온몸 가득
기쁨으로 꽉 차나니 저희 모두

덩더더쿵 덩실 춤을 추옵니다.

불상 앞에 꽃 한 송이 바치거나
절하거나 한 손만을 들었어도
성불한단 말씀 듣고 온몸 가득
기쁨으로 꽉 차나니 저희 모두

덩더더쿵 덩실 춤을 추옵니다.

사자 같이 깊고 맑은 부처님의
묘한 음성 온 누리에 가득하여
지금 이곳 영취산과 진배없어
온몸 가득 기쁨으로 꽉 차나니

덩더더쿵 덩실 춤을 추옵니다.

제불여래 만나 뵙기 어려우며
이 경 듣기 또한 매우 어려우며
독송할 자 정녕 찾기 어렵거늘
저의 주변 법화행자 함께 모여

덩더더쿵 덩실 춤을 추옵니다.

온갖 죄악 지으면서 오욕에만
깊이 빠져 어리석게 애착하고
고뇌 속에 헐떡이며 온갖 욕망
쫓아다녀 삼악도에 떨어지고

육도 윤회 그칠 날이 없으면서
갖은 고통 받는 중생 그들 위해
대자비로 이제 방편 버리옵고 (廢權立實)[7]
무상도를 설하시는 세존이셔!

저희 지금 온갖 의혹 버리고서
이 마음이 부처란 걸 굳게 믿어
추호라도 안단 생각[8] 내지 않고
틀림없이 성불한다 믿으리다.

부처님의 지혜 광명 환히 밝힌
삿다르마 푼다리카 수트라여!
이 마음이 하얀 연꽃! 거룩하고
거룩하다 나무실상묘법연화경!

묘법연화경 방편품 제2 마침

---

7) 폐권입실(廢權立實) : 방편을 버리고 실상에 들어가도록 함.
8) 안단 생각 : 이 마음이 부처란 걸 어렴풋이 믿고서 이리저리 분별하는 생각을 말함.

묘법연화경 비유품 제3

날카로운 지혜 지닌 사리불이
여래께서 일체 모든 중생 위해
부드러운 음성으로 심원하고
미묘하신 청정한 법 설하심을

듣자옵고 의혹·회한 모두 끊겨
그 마음이 편안하기 바다 같아
뛰놀듯이 기뻐하며 또한 지난
허물들을 토로하고 자책거늘

여래께서 지혜제일 사리불을
수기하되 지혜롭고 존귀하여
화광이라 불리리니 정법·상법 (華光)
머물기는 서른둘의 소겁이며

화광여래 견만보살 향하여서
성불하여 '화족안행' 여래라고 (華足安行)
기별 준다 하셨나니 미래 세상

화광여래 사리불님 그분 행해

덩더더쿵 덩실 찬탄 하옵니다.

그 부처님 출중하여 짝할 자가
없다시며 스스로를 경하하란
석가세존 말씀 듣고 확신에 찬
사리불이 '참된 지혜 그 가운데

안주하며 진리 수레 굴리리라'
서원한 뒤 모인 대중 위하여서
남은 의혹 없애주길 청하올새
우리 세존 비유 들어 설하시니

어떤 장자 그 재산이 한량없고
논과 집들 하인들도 많았으며
어린 아들 서른 명이 있었나니
어느 날에 가까이에 외출한 지

얼마 되지 아니하여 크고 작은

그 집 뒤에 갑작스레 불이 나서
불꽃 활활 타오르니 대들보와
기둥들이 무너져서 위험커늘

그때 장자 돌아와서 대문 밖에
서 있는데 어떤 사람 알려주되
'그대 여러 아들들이 어리고도
철이 없어 불이 타는 집안에서

장난치며 노는 데만 정신 팔려
닥칠 괴롬 절박한데 깨닫지도
놀라지도 않으면서 근심·걱정
하나 없이 놀더이다.' 하였거늘

장자 듣고 깜짝 놀라 아들들을
향하여서 달래면서 어서 빨리
나오라고 소리쳐도 아무것도
모르고서 아버지만 쳐다볼 뿐

즐기면서 나오지를 아니할새

예전부터 아들들이 좋아하는
　　장난감을 떠올리고 장자 바로
　　좋은 방편 마련하여 이르기를

　　'지금 바로 문밖에는 보배로 된
　　양의 수레·사슴 수레·소의 수레
　　놓였으니 너희 어서 밖에 나와
　　마음대로 골라 실컷 즐길지라.'

　　이 말 들은 모든 아들 앞다투어
　　뛰쳐나와 안전한 곳 이르르니
　　장자 이제 근심거리 사라져서
　　편안하게 앉았거늘 아들들이

　　모두 와서 세 가지의 수레 어서
　　달라할새 평등하게 크고도 큰
　　보배 수레 고루고루 나눠주니
　　올라타고 즐겁게도 노닐더라.

　　석가세존 중생들의 아버지로

삼계라는 낡고 썩은 불타는 집
부러 오셔 탐진치의 불 속에서
구출하여 성불토록 하시나니

거부 장자 아들에게 약속과는
달리 되레 진귀하고 크고도 큰
보배 수레 주었으나 허망하다
할 수 없듯 부처님의 방편 또한

이와 같아 위대하신 신통력과
열 가지 힘·무소외를 드러내지
않으시고 오직 지혜·방편으로
성문·연각·보살승을 설하셔서

인도한 뒤 제도하여 해탈토록
일불승을 삼승으로 분별하여
많고 많은 온갖 중생 위하여서
깊고 묘한 방편의 힘 베푸시니

부처님의 법문 듣고 정진하며

하루속히 삼계 고통 벗어나서
열반 얻고 싶어 하는 성문에겐
양의 수레 사성제를 설했으며

부처님의 법문 듣고 정진하며
고요하게 홀로 앉아 스스로가
자연 지혜 구하려는 연각에겐
사슴 수레 십이인연 설했으며

부처님의 법문 듣고 정진하며
무상지혜 구하면서 중생들을
제도코자 서원 세운 보살에겐
소의 수레 육바라밀 설하셨네.

삼계 안의 불안함이 불난 집과
같아서는 온갖 괴롬 가득하여
무섭고도 두려우며 생로병사
근심·걱정 이런 불길 타올라서

즐길 것이 아무것도 없건마는

깨닫지도 놀라지도 않으면서
탐욕 속에 고통받는 아들딸들
제도하는 삼계 스승 세존이셔!

일불승은 미묘하고 청정하기
으뜸일새 부처님의 아들딸들
믿고 받아 지닌다면 머지않아
보살도를 빠짐없이 갖추리니

덩더더쿵 덩실 춤을 추옵니다.

일불승을 믿는 중생 보배 수레
타고서는 해탈·선정·지혜 얻고
보리수하 도량 바로 앉게 될 터
온몸 가득 기쁨으로 꽉 찬 저희

덩더더쿵 덩실 춤을 추옵니다.

모든 법에 자재하여 중생들을
안온토록 이 세상에 출현하셔

실상인을[1] 설하시는 사생[2]들의
자애로운 아버지신 세존이셔!

누대겁을 가지가지 고통으로
불타거늘 이런 중생 제도하여
어서 빨리 삼계라는 불타는 집 (三界火宅)
벗어나게 하옵시는 세존이셔!

지혜제일 사리불도 이 경만은
믿음으로 들어가서 얻었거늘
저희들은 말해 무엇 하랴마는
이제나마 법화경을 만나다니

덩더더쿵 덩실 춤을 추옵니다.

이 경전을 비방한 자 항상 지옥
들어가길 유원지를 구경하듯
다른 악도 가는 것도 자기 집을

---

1) 실상인(實相印) : 제법실상의 도장.
2) 사생(四生) : 생명이 태어나는 네 가지 방식. 곧, 태생·난생·습생(濕生)·화생(化生)을 말함. '사생들의 자애로운 아버지'는 한문으로는 사생자부(四生慈父)라 함.

드나들 듯 한다시니 이제 저희

교만하고 게으르며 나란 견해
내세우는 그런 자와 오욕 속에
깊이 빠져 탐착하는 사람에겐
이 경 결코 설하지를 않을 거며

성 안 내고 숨김없이 정직하며
부드럽고 자애심이 많은 자와
나쁜 벗은 멀리하고 좋은 벗만
사귀는 자 그들 위해 설하오리.

비유로써 삼승의 법 설하셔서
삼계 고통 알게 하고 출세간의
길을 설해 삼명·육통 빠짐없이
갖추도록 하옵시는 세존이셔!

이 경전을 듣고 나서 따라 기뻐
정수리에 받든다면 이 사람은
불퇴전의 보살이란 말씀 듣고

온몸 가득 기쁨으로 꽉 차나니

덩더더쿵 덩실 춤을 추옵니다.

주위 모든 지인에게 맑고 맑은
마음으로 가지가지 인연들과
비유들과 언사로써 그들 위해
즐겨 받아 지니도록 설하리다.

부처님의 지혜 광명 환히 밝힌
삿다르마 푼다리카 수트라여!
이 마음이 하얀 연꽃! 거룩하고
거룩하다 나무실상묘법연화경!

묘법연화경 비유품 제3 마침

묘법연화경 신해품 제4

수보리와 가전연과 마하가섭
목건련이 여래께서 사리불을
호명하사 수기하심 듣자옵고
'미증유를 얻은 것이 값진 보배

구하지도 않았으나 절로 얻듯
하다'면서 기뻐하며 중생 교화
등한시한 지난 시절 뉘우치고
가피 입어 비유로써 설명하니

어떤 사람 어릴 적에 철이 없어
아버지를 저버리고 달아나서
타관살이 품팔이로 옷과 음식
구하면서 살아온 지 오십여 년!

아버지는 사방팔방 찾고 찾다
이미 지쳐 어느 성에 머무르니
그의 집이 부유하고 권세 또한

대단하나 점점 나이 늙어갈새

자식 걱정 끊어지지 않았으며
창고 안의 모든 재물 생각하면
아들 생각 더욱 간절 하더니만
한편으로 궁한 아들 여기저기

떠돌다가 우연히도 장자의 집
대문 옆에 기대서서 바라보니
보배 휘장 두르고서 사자좌에
앉아있는 아버지를 바라문과

찰제리와 거사들이 에워싸서
공경하고 잔뜩 쌓인 금은보화
온갖 장식 꾸민 것이 존귀하여
왕이거나 왕족같이 보였으니

공포심을 느낀 아들 쏜살같이
달아나서 빈촌 찾아 땅을 일궈
사느니만 못하다고 여겼나니

이때 장자 멀찍이서 보고서는

아들인 줄 바로 알고 하인에게
데려오라 시켰거늘 잡힌 아들
경악하며 기절하여 쓰러질새 (窮子驚愕 華嚴時)[1)]
거부 장자 놓아주게 하였으니

궁한 아들 어리석고 용렬한 줄
간파했기 때문이라 그 뒤 바로
방편으로 볼품없는 두 사람을
보내어서 품삯 두 배 주고서는

고용하여 두엄더미 치우도록 (除糞定價 阿含時)[2)]
하였으며 차츰차츰 접근하여
아들이라 부르면서 자유자재
출입도록 하였으며 이십 년이 (出入自在 方等時)[3)]

지나서는 집안 모든 살림살이

---

1) 궁자경악 화엄시 : 궁한 아들이 경악한 비유는 화엄경을 설한 때.
2) 제분정가 아함시 : 정당한 값을 받고 두엄 치운 비유는 아함경을 설한 때. (12년)
3) 출입자재 방등시 : 자유롭게 출입한 비유는 방등경을 설한 때. (8년)

맡겼거늘 궁한 아들 보배창고
속속들이 알면서도 스스로는 (令知寶物 般若時)⁴⁾
가난하다 여겼나니 얼마 뒤에

거부 장자 아들 마음 점점 크고
넓어지자 친족들과 국왕·대신
모든 사람 모아놓고 오십 년 전
아들 잃은 전후 사정 밝히면서

집과 하인 모든 재산 아들에게
상속하니 궁한 아들 생각지도
않은 보배 얻고서는 아주 엄청 (傳父家業 法華時)⁵⁾
기뻐하며 미증유를 얻었나니

거부 장자 여래시며 궁한 아들
소승법을 좋아했던 성문으로
오늘에야 부처님의 일체종지
가업 이을 아들임을 알았도다.

---

4) 영지보물 반야시 : 보물창고를 안 비우는 반야경을 설한 때. (21년)
5) 전부가업 법화시 : 아버지의 가업을 전한 비유는 법화경을 설한 때. (8년)

거부 장자 아들 뜻이 용렬한 줄
알고서는 방편으로 그 마음을
부드럽게 조복하고 모든 재산
맡겼듯이 큰 지혜를 가르치사

번뇌 다한 법 가운데 청정한 눈
얻게 하여 참된 성문·아라한이
되게 하신 크고도 큰 세존 은혜!
어찌하면 그 은혜를 갚으리까?

손발 되어 모시어도 두 어깨에
메어 모셔 억겁 세월 마음 다해
공경하고 온갖 것을 공양한다
할지라도 능히 갚지 못하오리!

한량없고 끝이 없는 불가사의
위대하신 신통력을 갖추시고
온갖 것에 집착하는 하열한 자
수준 맞춰 설하시는 세존이셔!

부처님의 상속잔 줄 모르고서
스스로가 궁핍하게 보낸 저희
오늘에야 아들인 줄 알고서는
온몸 가득 기쁨으로 꽉 차나니

덩더더쿵 덩실 춤을 추옵니다.

중생들의 지난 세상 선근 따라
익은 자와 덜 익은 자 다 아시고
비유로써 일승의 길 상대 따라
삼승으로 설하시는 세존이셔!

궁한 아들 비유 듣고 내가 본래
부처임을 굳게 믿어 이해한 자 (信解)
마음 달이 둥실둥실 떠올라서
안팎 환히 비추리니 기쁨 가득

덩더더쿵 덩실 춤을 추옵니다.

이제 저희 부처님의 깨친 음성

부드럽고 그윽하게 스며 있는
법화경을 시방세계 일체 모든
중생에게 두루 널리 펴오리다.

부처님의 지혜 광명 환히 밝힌
삿다르마 푼다리카 수트라여!
이 마음이 하얀 연꽃! 거룩하고
거룩하다 나무실상묘법연화경!

묘법연화경 신해품 제4 마침

묘법연화경 약초유품 제5

석가세존 가섭에게 부드럽고
단호하게 이르시길 '나는 정녕
여래로서 제도 받지 못한 자를
제도하고 모르는 자 알게 하고

불안한 자 안정주고 열반 얻지
못한 자는 열반 얻게 하거니와
나 일체를 아는 자고 보는 자며
도를 알고 열어주며 또한 도를

설하나니 천상의 신·인간들과
아수라의 대중 와서 들을지라!
즈음하여 천만 억의 중생들이
가르침을 들었도다.' 하셨나니

부처님의 법문 듣고 살아생전
안온하며 내생에는 좋은 곳에
태어나고 또한 다시 법문 듣고

온갖 장애 여의고서 점점 도를

성취하니 이게 바로 처음·중간
마지막도 모두 좋아 순수하고
잡스럽지 아니하여 고요하고
맑은 모습 갖췄다고 함일러라.

우리 세존 신해품의 궁자 비유
미진할새 다시 약초 비유 들어
설하시니 하늘 가득 먹구름이
일어나서 온 누리를 두루 덮다

비가 되어 대지 흠뻑 적실 적에
산천·계곡 그윽하고 깊은 곳에
나고 자란 초목들과 약초들과
곡식들이 촉촉하게 받아들여

가지가지 풀과 나무 그 모두가
모습·성질 다르지만 하나의 맛
비에 젖어 무성하게 자라듯이

여래 설법 한맛으로 냇물·강물

또한 각기 다르지만 흘러 흘러
바다 되면 오직 짠맛 하나이며
모습 또한 하나로써 생사해탈
모습으로 안온한 낙 얻게 하고

집착 여읜 모습으로 세상의 낙
얻게 하고 열반적정[1] 모습으로
열반의 낙 얻게 하여 결국에는
일체종지 이르도록 하시도다.

여래 설법 듣고서는 수준 따라
받아들여 혹은 천상 혹은 인간
전륜성왕·제석천과 범천왕이
되거니와 이는 바로 작은 약초!

능히 열반 증득하고 삼명·육통

---

1) 열반적정(涅槃寂靜) : 삼법인(三法印)의 하나. 번뇌를 끊고 깨친 열반의 세계는, 마음이 고요하고 편안한 경지라는 뜻.

얻고 홀로 깊은 산속 기거하며
항상 선정 닦으면서 연각의 법
증득하면 이는 바로 중간 약초!

나도 부처 되겠다며 큰 원력을
세우옵고 여래처럼 도량에서
부지런히 정진·선정 닦는다면
이야말로 최상품의 약초로다.

오롯하게 불도 닦아 항상 자비
실천하되 부처 될걸 조금치도
의심하지 아니하고 모든 법의
공함 듣고 기뻐하면 작은 나무!

최상승을 구하면서 신통력을
갖추고서 많고 많은 빛을 놓아
불퇴전의 법륜 굴려 일체중생
두루 널리 제도하면 큰 나무라.

방편의 문 활짝 열고 가지가지

언사로써 일승의 법 설하셔서
중생들이 성품 따라 무럭무럭
자라나게 하옵시는 세존이셔!

햇빛 달빛 온 누리를 비출 적에
늘고 줆이 전혀 없이 평등하게
비추듯이 부처님의 지혜 광명
늘고 줆이 전혀 없이 일체중생

그들 위해 평등하게 바른 법을
설하셔서 윤회하는 온갖 중생
복과 지혜 고루고루 얻게 하되
상대 따라 분별하여 설했을 뿐

삼승 본래 없다시는 부처님께
가섭존자 어찌하여 성문·연각·
보살 구별 없느냐며 여쭈울새
세존께서 비유로써 답하시길

'옹기장이 진흙 빚어 만든 그릇

안에 담긴 물건 따라 그 명칭이
다르듯이 여래 역시 그릇 따라
이승·삼승 차별되게 설하지만

모든 법의 그 본체가 평등함을
깨달으면 바로 참된 열반으로
오직 일승 뿐이라.'며 좁은 소견
부수고자 거듭 비유 드셨나니

날 적부터 눈이 먼 자 해도 달도
못 보기에 모든 색깔 없다면서
우기거늘 한 훌륭한 의사 있어
병의 원인 네 가진 줄 알고서는

눈이 먼 자 애민하사 설산으로
들어가서 네 가지의 약초 캐와
가지가지 처방으로 눈을 뜨게
하였거늘 눈을 뜬 자 자기보다

뛰어난 자 없다면서 교만심을

일으킬새 즈음하여 오통선인
다섯 가지 신통력도 못 얻고는
무어 그리 큰소리냐 꾸짖으며

오롯하게 마음 모아 세상 애욕
여의고서 선정 닦아 오신통을
얻게 할새 그 사람이 바야흐로
무엇에도 걸림 없게 되었거늘

오신통의 그 비유는 제불여래
지혜로서 말과 글로 설명할 수
없어서니 일체지를 떠나서는
참된 열반 없다는 걸 알겠도다.

여섯 갈래 윤회하는 눈먼 중생
어리석게 숱한 괴롬 받거니와
묘한 의술 지닌 여래 훌륭하고
자비로운 의사 되어 이 세상에

출현하셔 좋은 방편 베풀어서

수승한 자 그를 위해 일승의 길
설하시고 성문·연각 수준 맞춰
적절하게 설하시온 세존이셔!

조그마한 소견으로 집착했던
지난 일을 참회하며 남은 의심
모두 끊고 기별 받게 하시려는
자상하신 세존 향해 기쁨 가득

덩더더쿵 덩실 찬탄 하옵니다.

탐·진·치와 육십이견[2] 네 가지의
병을 공과 무상(無相)·무원(無願)·
열반의 문 네 약으로 치료하여
삼해탈문 얻게 하신 세존이셔!

과거·현재·미래 삼세 없다는 걸
통찰하여 제불께서 찬탄하신
사섭법을 행하면서 묘법연화

---

2) 육십이견 : 예순두 가지의 삿된 견해.

받아 지녀 독송하며 설하리다.

저희들이 약초 비유·날 적부터
눈이 먼 자 그 비유를 듣자옵고
시방세계 텅 비어서 꿈속 같고
아지랑이·메아리와 같다는 걸

관조하여 이 마음은 불생이며
불멸이라 마음 밖에 어떤 법도
없다는 걸 환히 알면 지금 당장
감로 같은 열반 안에 머무를 터!

덩더더쿵 덩실 춤을 추옵니다.

일체법이 돌아갈 곳·일체중생
마음속의 행하는 바·법의 궁극
환히 알고 걸림 없이 중생에게
일체종지 보이시는 세존이셔!

모든 마군 쳐부수는 약초유품!

온갖 마장 닥치거든 흔들림이
전혀 없이 큰소리로 독송하여
저의 신심 굳건하게 하오리다.

부처님의 지혜 광명 환히 밝힌
삿다르마 푼다리카 수트라여!
이 마음이 하얀 연꽃! 거룩하고
거룩하다 나무실상묘법연화경!

묘법연화경 약초유품 제5 마침

묘법연화경 수기품 제6

여래께서 무르익은 네 제자 중
마하가섭 향해 기별 주셨나니
오는 세상 삼백만 억 제불세존
공양·공경·찬탄하고 불법 널리

펴고서는 마하가섭 성불할새
그 명호가 광명여래(光明如來)!
세계(世界) 이름 광덕(光德)이며
조화롭고 부드러운 보살대중

대승 경전 받드옵고 마왕마저
부처님 법 옹호할 터 미래 세상
광명여래 가섭존자 그분 향해
덩더더쿵 덩실 찬탄 하옵니다.

마하가섭 수기하심 듣자옵고
목건련과 수보리와 가전연이
아직 믿음 확고하지 아니함을

토로하고 기별 받기 원하거늘

여래께서 바로 기별 주셨나니
수보리가 청정범행 닦으면서
보살도를 갖추고는 성불할새
그 명호가 명상여래(名相如來)!

세계(世界) 이름 보생(寶生)이라
그의 몸이 단정하고 빼어나기
보배산과 같을 거며 계신 국토
엄정하기 으뜸이며 이를 보는

중생마다 사랑하고 즐겨할 터
미래 세상 명상여래 해공제일[1]
수보리님 그분 향해 저희 모두
덩더더쿵 덩실 찬탄 하옵니다.

가전연도 8천억의 부처님께
가지가지 공양구를 바치옵고

---

1) 해공제일(解空第一) : 수보리는 부처님의 제자 중에 공을 제일로 잘 이해함.

보살도를 다 갖춘 뒤 성불하니
그 명호가 염부나제 금광여래!

그 부처님 광명보다 뛰어날 자
없으리니 명호 또한 걸맞게도
남섬부주 금빛이라 모든 존재
속박 끊은 한량없이 많고 많은

보살·성문 그 세계를 장엄할 터
미래 세상 염부나제 금광여래
대가전연 그분 향해 저희 모두
덩더더쿵 덩실 찬탄 하옵니다.

목건련은 이번 몸을 버린 뒤에
8천2백 만억 분의 제불세존
친견하고 청정범행 항상 닦다
부처님들 멸도한 뒤 칠보탑을

조성하고 황금 표찰 길게 세워
꽃과 향과 풍악으로 공양하며

보살도를 점점 갖춰 성불하니
그의 명호 다마라발 전단향불!

세계(世界) 이름 의락(意樂)이라
굳센 의지 확신에 찬 정진으로
불지혜에 물러서지 아니하는
보살들과 육신통과 세 가지의

밝음으로 위덕 갖춘 성문들이
대중 될 터 미래 세상 다마라발
전단향불 대목건련 그분 향해
덩더더쿵 덩실 찬탄 하옵니다.

위엄·덕망 모두 갖춘 오백 제자
또한 기별 준다 미리 선포하셔
제자들의 지난 세상 그 인연을
분명하게 설하옵실 세존이셔!

저희들도 일체중생 그들 위해
세세생생 보살도를 닦으면서

일불승의 법화경을 받아 지녀
독송하고 베껴 쓰며 설하리다.

부처님의 지혜 광명 환히 밝힌
삿다르마 푼다리카 수트라여!
이 마음이 하얀 연꽃! 거룩하고
거룩하다 나무실상묘법연화경!

묘법연화경 수기품 제6 마침

묘법연화경 화성유품 제7

그 지혜가 맑고 맑아 미묘하며
걸림 없이 무량겁을 통달하신
석가세존 멀고도 먼 지난 일을
오늘 보듯 생생하게 설하시니

불가사의 아승기겁 전 과거에
부처님이 계셨으니 대통지승
여래시라 도량 앉아 열 소겁이
지나도록 부처님 법 현전하지

아니하여 성불하지 못했거늘
천상의 신·용왕들과 아수라들
하늘 꽃을 항상 뿌려 공양하고
하늘 북도 두드리며 온갖 풍악

울렸으니 향기로운 바람 불어
시든 꽃을 쓸어가면 싱그럽고
고운 꽃을 새로 다시 뿌렸거늘

열 소겁이 지나 불도 이루셨네.

출가 전의 십육 왕자 부왕 소식
전해 듣고 천만억의 권속에게
에워싸여 여래 처소 도착하자
세존 발에 머리 숙여 귀의하고

무상법륜 굴리시길 간절하게
청했으며 즈음하여 동쪽으로
오백만 억 그 국토에 하늘궁전
비춘 광명 전에 없던 일인지라

범천왕들 이런 조짐 보고서는
부처님의 처소 곧장 찾아가서
하늘 꽃을 흩뿌리며 궁전 바쳐
올리옵고 전법륜을 청하면서

게송으로 찬탄하니 남서북방
또한 중간 네 군데와 위아래도
마찬가지 그러할새 대통지승

여래께서 간절한 청 받아들여

사성제와 십이인연·갖가지 법
설하시니 육백만 억 나유타의
중생들이 그 모두가 아라한이
되었으며 네 번 걸친 설법으로

일천만의 항하사 수 나유타의
중생들도 모든 법에 집착 없어
아라한이 되었으며 십육 왕자
출가하여 사미 되어 대승의 법

설해주길 간청할새 대통지승
여래께서 2만 겁이 지난 뒤에
법화경의 갠지스강 모래알 수
많은 게송 8천 겁을 설하신 뒤

팔만 사천 겁을 선정 드셨거늘
십육 사미 육백만 억 나유타의
항하사 수 중생에게 보여주고

가르치고 이익되고 기쁘게 해 (示敎利喜)[1]

보리심이 일어나게 하였으며
각기 정각 이뤄 현재 시방에서
설법할새 동북방의 사바세계
석가여래 그분 우리 스승이며

그 당시의 중생들은 다름 아닌
영취산의 비구들과 오늘날의
우리라는 말씀 듣고 온몸 가득
기쁨으로 꽉 차나니 저희 모두

덩더더쿵 덩실 춤을 추웁니다.

세존께서 다시 일러 설하시되
2승으론 열반 얻지 못할 거며
애오라지 일불승만 참된 열반
얻는다며 비유 들어 '물도 없고

---

1) 보임(示)은 중생에게 생사, 열반, 육바라밀 등을 보이는 일. 가르침(敎)은 악을 물리치고 선을 행하도록 하는 일. 이롭게 함(利)은 가르침의 이익을 설하여 중생을 인도하여 괴로움에서 벗어나게 함. 기쁘게 함(喜)은 그 수행을 칭찬해 주어 기쁘게 함.

풀도 없는 험한 길을 보배 찾아
천만대중 지나갈 적 그 거리가
멀고 멀어 500유순! 때맞춰서
길라잡이 있었으니 지혜롭고

해박하며 마음 또한 강단 있어
더군다나 그 길 환히 알더니만
사람들이 피곤으로 지쳐서는
길잡이께 돌아가길 원했나니

길라잡이 방편으로 커다란 성
변화시켜 만든 뒤에 이 성안에
들어가면 맘껏 쉬고 즐길 수가
있다면서 지친 그들 크게 기쁜

마음 내고 안온토록 하였으며
족히 쉴 줄 알고서는 방편으로
만든 성을 없앤 뒤에 설득하여
보배 장소 나아가게 하였듯이

생사·번뇌 사나운 길 험난하고
멀고 멀어 힘들지만 당연하게
가야 할 길! 일체중생 겁이 많고
나약할새 제불들도 방편으로

분별하여 삼승의 법 설하여서
휴식토록 성문·연각 두 가지의
열반[2] 설해 불지혜에 들어가게
하신다.'고 설명하신 세존이셔!

덩더더쿵 덩실 찬탄 하옵니다.

구원 겁이 지나서야 겨우 한번
오시옵고 대자비로 감로문을
활짝 열어 위가 없는 진리 수레
굴리시는 사자 같은 세존이셔!

일체지와 십력 등의 부처님 법
증득하여 삼십이상 갖추어야

---

2) 두 가지의 열반 : 성문의 열반과 연각의 열반.

바로 참된 멸도라니 이제 저희
일심으로 용맹정진 하오리다.

부처님의 지혜 광명 환히 밝힌
삿다르마 푼다리카 수트라여!
이 마음이 하얀 연꽃! 거룩하고
거룩하다 나무실상묘법연화경!

묘법연화경 화성유품 제7 마침

묘법연화경 오백제자수기품 제8

부루나가 지난 세상 인연들과
수기하심 듣자옵고 뛰놀 듯이
기뻐하며 예경하고 물러날새
세존께서 부루나를 칭찬하사

과거·현재·미래 일을 간략하게
설하시니 설법제일[1] 부루나는
과거 세상 90억의 제불 처소·
과거 칠불 그 시절도 현겁 중의

제불 세계·한량없는 미래에도
바른 법을 보호하고 지니면서
부처님 법 도와 모든 중생들을
위하여서 교화하니 부처님을

제외하고 그 누구도 논리적인
말솜씨를 따를 자가 없거니와

1) 설법제일 : 부루나는 부처님의 십대제자 중에 설법이 제일임

신통력을 구족하고 청정범행
항상 닦아 '참된 성문 제자'라고

불렸으니 한량없는 아승기겁
지난 뒤에 틀림없이 성불할새
그 명호가 법명여래(法明如來)!
세계(世界) 이름 선정(善淨)이며

성문들과 보살들이 한량없고
거기 사는 모든 중생 음욕심을
이미 끊어 변화하여 태어나서
그곳 오직 법희식과 선열식 뿐

다른 음식 전혀 없고 여인들과
악한 세상 없으리니 미래 세상
법명여래 부루나님 그분 향해
덩더더쿵 덩실 찬탄 하옵니다.

즈음하여 수기 음성 들은 오백

제자들이 선망하여[2] 바라볼새
세존께서 바로 아셔 대중 속의
교진여를 향해 기별 주시오니

그 명호는 보명여래(普明如來)!
그 부처님 6만 겁의 수명이며
크나큰 빛 항상 놓고 그 세계의
보살들은 시방 국토 노닐면서

제불들께 귀한 공양 마치옵고
잠깐만에 본국으로 가거니와
하늘·인간 법의 소멸 걱정할새
남은 오백 비구들이 차례차례

수기하여 동일하게 보명일 터!
미래 세상 보명여래 교진여와
오백 제자 그분들을 기쁨 가득
덩더더쿵 덩실 찬탄 하옵니다.

---

2) 선망(羨望)하다: 부러워하여 바라다.

기별 받은 오백 제자 뛰놀 듯이
기뻐하며 지난 허물 참회하고
적절하게 비유 들어 사뢰오니
가난한 자 친구 집에 갔거니와

그 집 매우 부유하여 진수성찬
대접하고 일이 생겨 값도 모를
보배 구슬 옷 속에다 꿰매두고
말도 없이 나갔거늘 취한 친구

일어나서 다른 나라 떠돌면서
생활고에 찌들어져 조금 얻고
만족하며 보배 구슬 있다는 건
까마득히 모르다가 우연히도

다시 만난 보배 구슬 줬던 친구
애절하게 책망한 뒤 꿰매뒀던
보배 구슬 보여주니 가난한 자
구슬 얻어 부(富)를 맘껏 누렸거늘

빈궁한 자 허공 가득 쏟아지는
빗방울을 간장 종지 받아쓰고
흡족하게 생각하는 성문이며
부유한 자 큰 원력을 심게 하신

여래시라 부처님의 무상지혜[3]
얻어야만 바로 참된 멸도라고
고구정녕 일러주신 부드러운
그 말씀을 듣자옵고 기쁨 가득

덩더더쿵 덩실 춤을 추옵니다.

중생들의 기질 따라 방편으로
설법하사 모든 탐착 끊게 하고
삼계라는 감옥에서 꺼내 주신
기이하고 희유하신 세존이셔!

안으로는 보살행을 감추고서
겉으로는 성문으로 태어나서

3) 무상지혜(無上智慧) : 위가 없는 지혜. 더할 나위 없는 부처님의 지혜.

많고 많은 방편으로 중생들을
교화시킨 부루나님 본을 받아

저희들도 가지가지 방편 갖춘
묘법연화 이 경전을 지니옵고
상대 그릇 지혜롭게 살피고서
일체중생 안온토록 하오리다.

부처님의 지혜 광명 환히 밝힌
삿다르마 푼다리카 수트라여!
이 마음이 하얀 연꽃! 거룩하고
거룩하다 나무실상묘법연화경!

묘법연화경 오백제자수기품 제8 마침

묘법연화경 수학무학인기품 제9

석가여래 공왕불의 처소에서
아난 등과 동시 함께 보리심을
내었으나[1] 아난 항상 듣기만을
좋아했고 세존 항상 정진하여

이미 부처 되었으며 아난존자
석가세존 시자로서 '제불의 법
보호하고 지니리'란 본래 서원
세웠거늘 많고 많은 부처님들

공양한 뒤 최정각을 이루리니
그 명호는 산해혜자재통왕불!
세계 이름 상립승번(常立勝幡)!
그 부처님 크고도 큰 위덕으로

---

1) 보리심을 내었으나 : 발아뇩다라삼먁삼보리심으로 줄여서 발보리심 더 줄여서 발심이라 하는데, '최상의 완전한 깨달음'을 성취하겠다는 마음을 내는 것. 참고로 맨 뒤 249쪽에 단 한 분이라도 보리심을 내는데 도움이 될까 싶어 화엄경의 입법계품을 발췌 번역하여 실었으니, 좀 길더라도 한 번쯤 보셨으면 합니다.

갠지스강 모래수의 중생들을
애민하사 불도 인연 심게 할 터
미래 세상 산해혜자재통왕불
다문제일[2] 아난존자 그분 향해

덩더더쿵 덩실 찬탄 하옵니다.

밀행제일[3] 라후라도 오는 세상
무량억의 부처님들 친견하고
그분들의 장자 되어 일심으로
불도만을 구하다가 성불할새

그 명호가 도칠보화(蹈七寶華)
여래시니 억천만의 공덕 지닌
도칠보화 여래 되실 라후라님!
덩더더쿵 덩실 찬탄 하옵니다.

아울러서 학·무학인 2천 명의

---

2) 다문제일 : 25년 동안 부처님의 시자였던 아난은 설법을 가장 많이 들었기에 다문제일임.
3) 밀행제일 : 부처님의 아들인 라후라는 남이 잘 모르게 공덕을 쌓는데 제일이었음.

성문 향해 오십 세계 미진수의
제불여래 공양·공경·존중하며
법의 곳간 보호하고 지니다가

각기 시방 국토에서 같은 시간
도량 앉아 성불하니 그 명호가
동일하게 보상여래(寶相如來)!
그 수명은 1겁이고 국토·제자

정법·상법 평등하게 똑같을 터
미래 세상 보상여래 2천 분의
성문 향해 저희 모두 기쁨 가득
덩더더쿵 덩실 찬탄 하옵니다.

이 세상에 출현하사 중생들의
눈이 되고 감로 같은 청정한 법
설하셔서 일체 세간 귀의처로
지혜의 등 밝히시는 세존이셔!

이제 저희 세세생생 묘법연화

굳게 믿고 지니리니 감로수로
관정하듯 수기 음성 내려 주셔
온몸 가득 확신에 찬 기쁨으로

덩실덩실 춤추도록 하옵소서!

부처님의 지혜 광명 환히 밝힌
삿다르마 푼다리카 수트라여!
이 마음이 하얀 연꽃! 거룩하고
거룩하다 나무실상묘법연화경!

묘법연화경 수학무학인기품 제9 마침

묘법연화경 법사품 제10

세존께서 멀고도 먼 과거부터
경전 공양 으뜸이신 약왕보살
호명하사 법화경의 게송 하나
한 구절만 듣고서도 한 생각에

함께 따라 기뻐하는 많고 많은
천룡팔부·사부대중·삼승의 법
구하는 자 그 모두를 평등하게
수기한 뒤 법사품을 설하시니

이 마음이 바로 법의 스승이라! (法師)
법화경을 받아 지녀 독송하고
기뻐하며 베껴 쓰되 구절마다
초롱초롱 깨어나서 자기 마음

살펴야만 참된 법사 되거니와
이 경 받아 지니면서 설하는 자
공양하면 자연지와 일체종지

하루속히 이루리니 우리 세존

이미 전에 설하셨고 현재 지금
설하시며 앞으로도 설하오실
모든 경전 그 가운데 법화경이
으뜸으로 제불들의 요긴하고

비밀스런 진리 곳간! 가장 믿기
어려우며 알기 또한 어렵거늘
참된 법사 부처님의 사자로서
여래의 일 행하거늘 정법 듣기

어려워도 성불하기 어려워도
이 경전을 지니는 자 공양하고
법문 잠깐 듣게 되면 빨리 쉽게
이루리니 청정 국토 버리고서

오탁악세 짐짓 와서 위없는 법
설하옵는 참된 법사 어찌 공경
않으리까? 부처님께 공양하듯

꽃과 과일·온갖 보배 바치오리.

제불여래 호념하는 법화경을
보고 듣지 아니하고 보살도를
행할 수는 없거니와 성불과는
멀다면서 비유 들어 설하시니

'그 뉘 있어 고원에서 우물 팔 적
마른 흙이 보인다면 물이 아직
멀거니와 점점 파서 축축하다
진흙 보면 가깝단 걸 알 수 있듯

묘법연화 이 경전을 못 들으면
부처 지혜 아주 멀고 경전 중에
경전의 왕 이 경 듣고 깊이 살펴
사유하면 부처 지혜 가깝도다.'

천만 억의 국토에서 깨끗하고
견고한 몸 나타내어 한량없는
억겁 세월 일체중생 위하여서

평등하게 설법하는 세존이셔!

이 경 듣고 기뻐하면 성불 씨앗
심었거니 일천 년이 지나고도
썩지 않는 연밥 같아 어찌 성불
못하리까? 확신에 찬 기쁨으로

덩더더쿵 덩실 춤을 추옵니다.

묘법연화 보배창고 깊고 깊어
견고하며 아득히도 멀지마는
방편의 문 열어젖혀 진실상을
보여주신 거룩하신 세존이셔!

여래께서 멸도한 뒤 법화경의
게송 하나 한 구절만 듣고 따라
기뻐한 자 그 모두를 기별 준다
하시오니 기쁨으로 꽉 찬 저희

덩더더쿵 덩실 춤을 추옵니다.

모든 법의 참모습을 드러내어

보이시고 고뇌 중생 제도하사

크고도 큰 기쁨 얻게 하옵시는

무량 지혜 성취하신 세존이셔!

설법하는 어떤 사람 외딴곳에

홀로 앉아 묘법연화 독송하면

세존께서 맑고 맑은 광명의 몸

보여준다 하시오니 기쁨 가득

덩더더쿵 덩실 춤을 추옵니다.

여래께서 설법하는 법사라면

여래의 방 들어가서 여래의 옷

입고서는 여래 자리 앉으라니

중생 향한 대자비심 방이 되고

나를 버린 부드럽고 참는 마음

옷이 되고 일체법이 공한지라

설법하는 그 음성도 빈 골짜기

메아리로 답하듯이 중생 따라

마음 비워 응하는 게 여래 자리
되거니와 세 가지를 모두 갖춰
그 가운데 편안하게 머물면서
게으른 맘 전혀 없이 설하리다.

부처님의 지혜 광명 환히 밝힌
삿다르마 푼다리카 수트라여!
이 마음이 하얀 연꽃! 거룩하고
거룩하다 나무실상묘법연화경!

묘법연화경 법사품 제10 마침

묘법연화경 견보탑품 제11

바로 그때 세존 앞에 칠보탑이
땅속에서 솟아올라 허공중에
머무르니 그 높이가 오백 유순!
가로세로 이백오십 유순이라.

가지가지 보물들로 꾸며져서
사천왕의 궁전까지 이르렀고
도리천은 만다라꽃 흩뿌려서
칠보탑에 공양하고 천만 억의

천룡·야차·건달바와 아수라 등
온갖 꽃과 향과 영락·깃발·일산
풍악으로 공경·존중·찬탄할새
즈음하여 탑 안에서 들려오길

'거룩하신 석가모니 세존이셔!
고르고도 한결같은 큰 지혜로 (平等大慧)
보살들을 가르치고 보살피며

두호하는 묘법연화 설하시니

그 모두가 거짓 없이 참되도다.'
이와 같이 우렁차게 찬탄하는
음성 들은 모든 이들 법열 얻고
미증유한 일인지라 어리둥절

놀란 대중 그 의심을 풀어주려
대요설이 여쭸거늘 여래께서
솟아 나온 탑의 연유 밝히시되
'동방으로 한량없는 일천만 억

아승기의 세계 지나 보정이란 (寶淨)
곳에 계신 다보여래 보살일 적
큰 서원을 세웠으니 멸도한 뒤
법화경을 설하는 곳 어디라도

칠보탑이 솟아올라 거룩하다
증명하며 찬탄하고 법 듣기를
원했으며 그의 전신 보이고자

할 적에는 분신제불 모인 뒤에

나타낸다 하셨느니라.' 바로 그때
대요설이 뵙고 싶다 간청할새
세존께서 눈썹사이 백호광명
놓으셔서 시방세계 분신제불

비추신 뒤 제불 앉을 자리 위해
신통으로 무량 중생 옮겨 놓고
온 국토를 청정하게 하셨거늘
보배나무 아래 오신 부처님들

청정한 못 연꽃으로 장엄한 듯
사자좌에 앉으셔서 광명으로
장엄하니 어두운 밤 횃불같이
빛났으며 몸에서 난 묘한 향기

시방세계 두루 풍겨 중생들이
향기 쐬고 너 나 없이 기뻐했고
제불 각각 시자 보내 배알한 뒤

보배탑을 열어줍사 청하거늘

세존 바로 자리에서 일어나셔
칠보탑의 문을 여니 문빗장과
자물쇠를 제치고서 성문 열듯
큰 소리가 들렸거늘 바야흐로

사자좌에 앉아 선정 드신 듯한
다보여래 보였나니 그분 자리
절반으로 나누어서 앉으시길
권하거늘 석가세존 자리 앉아

가부좌를 맺으시고 신통력을
베풀어서 모든 대중 허공중에
머물도록 하시고는 법화경을
부촉하기 위하여서 설하시되

'수미산을 들어 올려 불국토에
던져본들 발가락을 움직여서
대천세계 멀리 밖에 던져본들

한주먹에 허공 전체 움켜쥐고

　　자유자재 놀아본들 유정천에
　　올라서서 많고 많은 다른 경전
　　설해본들 무어 그리 어려우랴!
　　온 대지를 발톱 위에 올려놓고

　　하늘 세계 올라간들 겁화 중에
　　마른 풀을 짊어지고 그 속에서
　　안 타본들 무어 그리 어려우랴!
　　오탁악세 태어나서 이 경 써서

　　지니거나 남을 시켜 쓰게 하고
　　독송하며 법화경을 설한다면
　　이야말로 어렵다.'고 하시오니
　　저희 이제 밤낮으로 지니리다.

　　마음 안의 보배 성을 드러내기
　　위하여서 사바세계 세 번이나
　　청정 국토 만드시고 무명으로

잠긴 빗장 열어주신 세존이셔!

묘법연화 지니는 자 제불께서
찬탄할새 이게 바로 참된 용맹
참된 정진 참된 지계 두타행자
참 불자로 속히 정각 이룬다니

덩더더쿵 덩실 춤을 추옵니다.

부처님의 지혜 광명 환히 밝힌
삿다르마 푼타리카 수트라여!
이 마음이 하얀 연꽃! 거룩하고
거룩하다 나무실상묘법연화경!

묘법연화경 견보탑품 제11 마침

묘법연화경 제바달다품 제12

여래께서 오래전의 과거 겁을
설하시니 국왕 되어 법왕 자리
구하고자 아사 선인[1] 따라가서
법화경에 뜻을 두어 1천 년을

오욕락도 다 버리고 온갖 정성
다하여서 싫증 내지 아니하고
섬겼으니 선인 바로 제바달다!
그 선지식 덕분으로 온갖 공덕

다 갖추고 등정각을 이뤘다니
화합 헤친 제바달다 많고 많은
생을 걸쳐 부처님을 괴롭혀도
인욕으로 더욱 다진 우리 세존!

덩더더쿵 덩실 찬탄 하옵니다.

---

1) 아사 선인(阿私仙人) : 아사라는 신선. 아사는 한문으로 번역하면 무비(無比)로, 견줄 수 없다는 뜻.

선지식의 한량없는 공덕 기려
세존께서 이제 따로 기별 주니
그 명호가 천왕여래(天王如來)!
세계(世界) 이름 천도(天道)리니

20중겁 동안 널리 중생 위해
미묘한 법 설하셔서 저마다가
삼승의 법 얻게 하실 미래 세상
천왕여래 제바달다 그분 향해

덩더더쿵 덩실 찬탄 하옵니다.

즈음하여 다보여래 따라왔던
지적보살 하직하자 만류하여
문수보살 만나도록 하셨거늘
용궁에서 법화경을 설법하여

교화한 일 문수보살 밝히오니
8세 용녀 중생 사랑 깊었으며
모든 법을 통달하여 찰나 사이

보리심을 일으키고 물러서지

　　　않는 지위 얻었다고 이르거늘
　　　지적보살·사리불이 괴이쩍게
　　　여겼나니 바로 그때 8세 용녀
　　　대승법을 천명하여 괴롬 받는

　　　중생들을 건지리라 서원하며
　　　부처님께 보배 구슬 바친 뒤에
　　　주고받음 빠르냐며 묻고서는
　　　자기 성불 이보다 더 빠르다며

　　　보고 있는 대중 앞에 갑작스레
　　　변화하여 남자 몸이 되어서는
　　　순식간에 남쪽 방향 무구세계
　　　즉시 가서 깨달음을 이루고는

　　　일체중생 위해 묘법 설했거니
　　　이를 보던 사바세계 3천 명의
　　　중생들은 불퇴전을 얻었으며

또한 다른 3천 명도 보리심을

내었거늘 이 마음은 남녀 구별
없거니와 밖의 물건 주고받음
그 아무리 빨라 본들 주머니 속
내 물건을 확인함만 못하오리.

보살일 적 한량없는 겁 동안에
난행·고행·신명 바쳐 공덕 쌓고
도를 구해 잠시라도 쉰 적 없이
용맹스레 정진하신 세존이셔!

온갖 역경 인욕으로 이겨내고
자기 허물 돌이키면 그게 바로
스승일새 저희 항상 묘법연화
받아 지녀 물러서지 않으리다.

부처님의 지혜 광명 환히 밝힌
삿다르마 푼타리카 수트라여!
이 마음이 하얀 연꽃! 거룩하고

거룩하다 나무실상묘법연화경!

묘법연화경 제바달다품 제12 마침

묘법연화경 권지품 제13

바로 그때 약왕보살·대요설과
다른 보살 2만 권속 모두 함께
여래께서 멸도한 뒤 오탁악세
중생들이 해탈과는 멀어져서

교화하기 어렵지만 독송하고
지니면서 해설하고 베껴 쓰며
갖가지로 공양하되 몸과 목숨
안 아낀다 서원 세워 사뢰오니

기별 받은 오백 명의 아라한과
8천 명의 학·무학도 사바세계
악폐 많고 뽐내는 자 많거니와
공덕 또한 천박하고 걸핏하면

화를 내며 혼탁하여 아첨하고
진실하지 못하기에 다른 세계
그곳에서 묘법연화 두루 널리

설하겠다 굳은 결심 아뢰더라.

즈음하여 비구니인 교담미[1]가
학·무학의 6천 명의 비구니와
함께하되 근심 어린 안색으로
부처님을 바라보자 그 맘 아신

여래께서 기별 주어 설하시니
제불세존 법 가운데 모두 함께
법사 되어 보살도를 갖추다가
차례차례 성불하니 그 명호가

일체중생 희견여래(喜見如來)!
아울러서 야수다라 비구니도
갈망할새 바로 기별 주셨나니
마찬가지 백천만억 제불세존

법 가운데 법사 되어 점점 불도

---

1) 교담미 : 부처님의 이모이신 마하파사파제 비구니.

갖추다가 아주 좋은 세계 만나
성불하니 그 명호가 구족천만
광상여래(具足千萬光相如來)!

이들 모두 기별 받고 마음 몹시
편안하고 흡족하다 사뢨나니
일체중생희견여래·구족천만
광상여래 되실 모든 비구니셔!

덩더더쿵 덩실 찬탄 하옵니다.

그때 모든 다라니를 얻고서는
물러나지 않는 법륜 굴리시는
80만 억 나유타의 보살들이
시방세계 곳곳 두루 다니면서

중생들이 묘법연화 베껴 쓰고
지니면서 독송하고 해설하며
여법하게 수행토록 하리라며
부처님께 게송으로 사뢰기를

'지혜롭지 못한 사람 악한 말로
매도하고 칼질 매질 할지라도
삿된 소견 비뚤어진 마음으로
뽐내면서 스스로만 참된 도를

닦는다며 업신여겨 경시하고
저희 허물 들춰내며 비방하되
외도 주장 설한다고 할지라도
저희더러 부처라며 빈정대고

빈축하며 자주자주 절 밖으로
쫓아낸다 할지라도 부처님을
공경하고 믿는 저희 욕됨 참는
갑옷 입고 어려운 일 참으오리.

저희 신명 안 아끼고 위가 없는
불도만을 아끼면서 저희들은
오는 세상 부처님의 부촉하심
보호하고 지니리라.' 하였나니

부처님의 사자로서 대중 속에
처하여도 두렴 없이 응당 설법
잘하시는 80만 억 나유타의
보살님들 그분 향해 저희 모두

덩더더쿵 덩실 찬탄 하옵니다.

오탁악세 묘법연화 지니기가
어렵고도 어려움을 잘 아셔서
저희에게 보살들의 참는 마음
본을 삼게 하옵시는 세존이셔!

이제 저희 묘법연화 지니고서
독송하고 해설하며 베껴 쓰되
물러서지 아니하고 다른 사람
위하여서 인욕으로 권하리다.

부처님의 지혜 광명 환히 밝힌
삿다르마 푼타리카 수트라여!
이 마음이 하얀 연꽃! 거룩하고

거룩하다 나무실상묘법연화경!

묘법연화경 권지품 제13 마침

묘법연화경 안락행품 제14

바로 이어 문수보살 부처님께
뒷날 악한 세상에서 법화경을
설하려면 어찌해야 하는지를
여쭙거늘 우리 세존 답하셔서

네 가지의 안락행을 설하시니
첫 번째는 행할 바와 친근할 곳!
그중에서 인욕의 땅 머물면서
부드럽고 온화하여 난폭하지

아니하고 마음 쉽게 놀라지도
않으면서 집착 없이 모든 법을
여실하게 관찰하여 내킨 대로
행하지도 분별치도 않으면서

인욕이란 부처님의 갑옷 입고
여래의 방 들어감이 이 몸으로
행할 바며 다음으로 고관대작·

외도·사도 멀리하고 또한 세속

문필가와 극단적인 사람 역시
멀리하고 온갖 오락·나쁜 직업
가진 자도 멀리하며 소승의 법
추구하는 사부대중 친근하지

아니하고 찾아와서 묻거들랑
두렴 없는 마음으로 그 무엇도
바람 없이 설법하고 여인에게
잘 보이려 하지 말며 성적으로

비정상인 남자 친분 쌓지 말고
음녀들도 멀리하며 이와 같이
몸단속을 잘하면서 항상 좌선
즐겨하여 선정 속에 머무르면

이 마음이 공하단 걸 아는 지혜
열리리니 마음 원래 명칭 없고
모습 또한 없거니와 언어의 길

끊겼으되 인연 따라 생겼다가

사라질새 '세상만사 그 모두가
생각 놀음!' 항상 이리 관찰하면
고요하고 밝은 마음 드러날 터
이를 일러 친근처라 하거니와

이럴진대 계·정·혜를[1] 구족하여
법화경을 두렴 없이 설하리니
이제 저희 첫 번째의 안락행을
듣자옵고 온몸 가득 기쁨으로

덩더더쿵 덩실 춤을 추옵니다.

두 번째는 입의 단속 밝힘이니
독송하되 타인이나 경전 비방
삼갈 거며 다른 사람 좋고 싫음·
장단점도 들먹이지 말 것이며

---

1) 계정혜(戒定慧) : 부처님의 세 가지 가르침으로 계율, 선정, 지혜로 이를 삼학(三學)이라 함.

비구 이름 직접 밝혀 과오·칭찬
드러내지 아니하고 설법할 적
안팎 모두 맑힌 뒤에 편안하게
법상 앉아 미묘한 뜻 온화하고

부드러운 안색으로 인연들과
비유로써 알기 쉽게 분별하여
자비로운 마음으로 설하여서
안락하게 머문다면 이런 사람

얻을 공덕 천만억겁 두고두고
다 설하지 못하리니 이제 저희
두 번째의 안락행을 듣자옵고
온몸 가득 기쁨으로 꽉 차나니

덩더더쿵 덩실 춤을 추옵니다.

세 번째는 뜻의 단속 밝힘이니
질투·성냄·교만심과 아첨하고
속이거나 삿되고도 거짓된 맘

버리고서 정직한 행 항상 닦아

다른 사람 경멸 말고 또한 법을
희론하지 말 것이며 타인에게
의심하고 후회토록 '게을러서
너는 성불 못하리라.' 하지 말고

시방세계 대보살들 일체중생
애민하사 도 닦거늘 공경심을
응당 내어 스승으로 모실 거며
제불세존 존귀하신 아버지라

생각하고 교만심을 쳐부수면
장애 없이 설법할 터 이제 저희
세 번째의 안락행을 듣자옵고
온몸 가득 기쁨으로 꽉 차나니

덩더더쿵 덩실 춤을 추옵니다.

네 번째는 큰 서원을 세움이니

재가자 건 출가자 건 보살 아닌
자에게도 자비심을 응당 내되
'법화경을 듣지 않고 믿지 않는

이 사람들 크고도 큰 손실이라
내가 불도 이룬 뒤에 온갖 방편
베풀어서 이 경 설해 그 가운데
머무르게 하리라.'고 서원하면

천신들이 항상 그를 옹호하여
청법 대중 기쁨 줄 터 이제 저희
네 번째의 안락행을 듣자옵고
온몸 가득 기쁨으로 꽉 차나니

덩더더쿵 덩실 춤을 추옵니다.

전륜성왕 상투 풀어 보배 구슬
내어 주듯 온갖 공덕 본래 갖춘
이 마음을 환히 밝힌 법화경을
맨 나중에 설하옵신 세존이셔!

이 품 정녕 너나없이 안락 주는
품이거늘 여래께서 멸도하신
뒤에라도 저희 항상 불도만을
구하면서 실천하며 따르오리.

우리 세존 다시 이어 설하시길
'묘법연화 독송한 자 근심·걱정
병의 고통 없을 거며 안색 곱고
맑을 거며 빈궁하고 비천하며

누추한 데 나지 않고 모든 이들
성현처럼 흠모하고 천상 세계
동자들이 시중들고 공양하며
지혜 광명 태양같이 비출 거며

항상 묘한 꿈을 꾸되 제불여래
사자좌에 앉으셔서 설법하는
꿈을 꾸며 그 자신도 설법하는
꿈을 꾸고 여래께서 기별 주는

꿈도 꾸며 왕이 되어 궁전 권속
오욕락도 다 버리고 출가한 뒤
보리도량 나아가서 깨달음의
나무 아래 앉아서는 도 구하기

칠일 만에 무상도를 이룬 뒤에
법륜 굴려 무량중생 제도하다
등불 꺼져 연기마저 사라지듯
열반에 든 꿈을 꾸리.' 하셨나니

삼십이상 금빛으로 한량없는
광명 놓아 일체 세간 비추시고
맑고 맑은 음성으로 묘한 법을
설하시는 희유하신 세존이셔!

여래께서 수호하셔 망령되이
열어 뵈지 아니하신 존귀하고
으뜸인 경 묘법연화 이제 저희
안락행을 실천하며 설하리다.

부처님의 지혜 광명 환히 밝힌
삿다르마 푼다리카 수트라여!
이 마음이 하얀 연꽃! 거룩하고
거룩하다 나무실상묘법연화경!

묘법연화경 안락행품 제14 마침

묘법연화경 종지용출품 제15

바로 그때 사바세계 대천국토
진동하고 갈라지며 한량없는
천만 억의 보살들이 그 속에서
동시 함께 솟아올라 나오거늘

그 몸 모두 삼십이상 갖추고서
금빛으로 빛났으며 이 낱낱의
보살마다 6만 항하 모래수의
권속들을 거느렸고 다시 5만

갠지스강 모래수의 권속들을
거느린 자 더욱 많고 이와 같이
적은 수를 거느린 자 그 숫자가
점점 많다 홀로 온 자 더욱 많아

뉘 있어서 갠지스강 모래수 겁
지나도록 셀지라도 다 알 수가
없으리니 이리 많은 보살들이

다보여래·석가세존·분신제불

앞에 나가 보살들의 법식대로
찬탄할새 그 시간이 오십 소겁
지났건만 사부대중 한나절로
느꼈으니 이 모두가 부처님의

위신력인 덕분이라 즈음하여
네 가지의 안락행을 성취하신
상행보살·무변행과 정행보살·
안립행 등 네 보살이 부처님께

안부 묻는 이 모든 일 보고서는
사부대중 그 모두가 의심할새
미륵보살 게송으로 여쭙기를
'많고 많은 보살 대중 커다란 몸

큰 신통과 지혜 또한 사량할 수
없거니와 뜻과 생각 견고하고
인욕하는 그 힘 있어 모두 보기

즐겨하니 어디에서 왔나이까?

어떤 분이 설법하여 교화·성취
시켰으며 누구에게 처음 발심
하였으며 어느 불법 배웠으며
무슨 경전 지니고서 행했는지

대중들이 이 일 알고 싶어 하니
자초지종 그 인연을 한량없는
덕 지니신 세존께서 대중 의심
부디 풀어 주옵소서!' 하였나니

그리하여 여래께서 미륵보살
칭찬한 뒤 일심으로 정진이란
갑옷 입고 큰 믿음을 내라시며
지금까지 듣지 못한 제일의 법

깊고 깊어 헤아릴 수 없지마는
지금 당장 설하리니 의심 끊고
두렴 품지 말라시며 이르시길

'가야성의 보리수하 그곳에서

내가 정각 이룬 뒤에 무상법륜
굴리어서 이들 모두 교화하여
처음 도심[1] 일으키게 하였으니
저 보살들 여러 경전 독송하고

통달하여 많고 많은 겁 동안에
부처 지혜 구했거늘 이들 나의
아들로서 나의 도법 밤낮으로
정진하며 사바세계 아래쪽의

허공중에 머무나니 이제 그들
불퇴지를 성취해서 선정·지혜
구족한 뒤 전부가 다 성불할 터
그대들은 일심으로 믿을지라.'

이를 들은 미륵보살 여래 말씀
허망한 적 없으시고 모든 것을

---

1) 도심(道心) : 부처님의 깨달음을 구하는 마음.

통달하신 부처님을 자기들은
의심하지 않으련만 뒷세상의

첫 발심한 보살들은 믿지 않고
의심할까 두려워서 비유컨대
백 살 먹은 늙은 사람 스물다섯
청년에게 아버지라 부른다면

젊은 아비 늙은 아들! 이러한 일
세상 사람 못 믿을 터 그 의심을
풀어 줍사 청했으니 이 품 오직
여래수량 설하시기 위함이라.

바야흐로 구원 겁 전 성불하신
석가여래 법신불[2]의 여래 수명
소상하게 설하리니 이제 저희
기대 넘쳐 온몸 가득 기쁨으로

덩더더쿵 덩실 춤을 추옵니다.

2) 법신불(法身佛 : 삼신불(三身佛)의 하나로 진리 그 자체로서의 부처님을 뜻함.

부처님들 지혜·신통·기세등등
일어서는 사자의 힘·위맹하신
큰 세력을 보이고자 정진으로
견고한 뜻 내라시는 세존이셔!

지금까지 우리 알던 석가세존
화신불[3]로 이제부턴 법신불을
설하실 터! 삼신불[4]이 하나임을
통찰하며 저희 이 경 지니리다.

부처님의 지혜 광명 환히 밝힌
삿다르마 푼다리카 수트라여!
이 마음이 하얀 연꽃! 거룩하고
거룩하다 나무실상묘법연화경!

묘법연화경 종지용출품 제15 마침

3) 화신불(化身佛) : 중생을 교화하기 위하여 여러 가지 모습으로 변화되어 나타나는 부처님.
4) 삼신불(三身佛) : 법신불, 보신불, 화신불. 비유로 설명하자면 하늘에 떠 있는 달은 법신불이고, 그 달의 공능인 달빛은 보신불이며, 천개의 강에 비친 달은 화신불로 이 셋은 결국엔 하나임.

묘법연화경 여래수량품 제16

여래께서 바로 이어 '세존 말씀
응당 믿고 이해하라' 간곡하게
다짐하자 미륵보살 세 번이나
간청하여 그 믿음을 드러낼새

비밀스런 부처님의 신통력을
자상하게 설하시니 석가여래
성불한 지 한량없는 백천만억
나유타의 아승기겁 그보다 더

지났으며 그로부터 사바세계
이곳에서 설법하여 교화했고
또한 다른 백천만억 나유타의
아승기 수 세계서도 중생들을

인도하여 이익되게 하셨으며
가지가지 방편으로 미묘 법문
설하여서 기쁘도록 하셨나니

어떨 때는 자신의 몸·타인의 몸

설했으며 자기의 일·타인의 일
보였으나 모든 말씀 진실하여
허망하지 않으시니 그 까닭은
여래께서 보는 삼계! 중생과는

다르기에 나고 죽음 전혀 없고
물러나고 나오는 것 또한 없고
세상 속에 있다거나 사라짐도
없거니와 진실·거짓 본래 없고

똑같지도 다르지도 않다는 걸
여실하게 환히 보기 때문이라
그렇기에 중생들이 착한 씨앗
생기도록 온갖 인연·비유로써

설법하여 불사 짓되 잠시라도
멈춘 적이 없으셨고 그 수명은
한량없어 언제나 늘 그 자리에

계시건만 중생제도 위해 열반

보이시며 온갖 신통 그 힘으로
중생 눈엔 가까워도 못 보도록
하신다니 법신 자리 고요하고
자취 없어 헤아릴 수 없거니와

다보불도 법신이요 대통지승
여래 또한 법신이며 석가세존
마찬가지 법신으로 한 몸일새
나의 마음 법신 자리 꿰뚫어야

바야흐로 한 글자도 있지 않은
무자진경[1] 법화경을 진정으로
받아 지녀 독송할 터 이제 저희
법신이신 세존 향해 기쁨 가득

덩더더쿵 덩실 찬탄 하옵니다.

---

1) 무자진경(無字眞經) : 한 글자도 쓰여 있지 않은 참된 경전.

박덕한 자 착한 씨앗 심지 않고
빈궁하고 하천하며 오욕 속에
탐착하여 삿된 그물 걸려들어
교만하고 방자한 맘 일으키며

싫증 내고 게으름을 피우면서
여래 정녕 만나 뵙기 어렵단 걸
모르고서 공경하지 않는 중생
그들 위해 거짓으로 보인 열반!

어떤 의사 미친 아들 고치려고
방편으로 살았으되 죽었다고
말했지만 허망하다 할 수 없듯
여래 말씀 진실하여 거짓 없네.

중생 이미 목마른 듯 그리운 맘
내고서는 연모하며 일심으로
몸과 목숨 안 아끼고 여래 뵙길
원한다면 승가 대중 거느리고

영취산에 출현하사 위없는 법
설하시고 지혜 광명 한량없이
비추시며 오래 닦은 수행으로
무수 겁의 수명 얻은 세존이셔!

어찌하면 중생들이 무상지혜
들어가서 여래의 몸 속히 성취
시킬 것만 생각하며 법계[2] 충만
항상 여기 머무시는 세존이셔!

온갖 공덕 닦고 닦아 부드럽고
숨김없이 정직한 자 지금 당장
여기에서 석가세존 법 설함을
다 보도록 하신다니 기쁨 가득

덩더더쿵 덩실 춤을 추옵니다.

부처님의 지혜 광명 환히 밝힌
삿다르마 푼다리카 수트라여!

---

2) 법계(法界) : 언제나 머무르며 사라지지 않는(常住不滅) 진리의 세계.

이 마음이 하얀 연꽃! 거룩하고
거룩하다 나무실상묘법연화경!

묘법연화경 여래수량품 제16 마침

묘법연화경 분별공덕품 제17

항상 계셔 머무시는 석가세존
수명 또한 끝없이도 길고 멀다
설하심을 듣자옵고 얻은 공덕
여래께서 분별하여 설하시길

'어떤 이는 무생법인 얻었으며
혹은 문지 다라니와 혹은 무애
요설변재·백천만억 선다라니
얻었으며 불퇴지에 머무르고

대천세계 가는 티끌 수의 보살
물러나지 않는 법륜 굴렸으며
중천세계 가는 티끌 수의 보살
청정 법륜 굴렸으며 소천세계

가는 티끌 수의 보살 여덟 생을
걸쳐 불도 이뤘으며 넷과 셋·둘
사천하의 가는 티끌 수의 보살

넷과 셋·둘 생을 걸쳐 성불했고

한 사천하 가는 티끌 수의 보살
한 생 만에 성불했고 여덟 세계
가는 티끌 수의 중생 보리심을
내었도다.' 하셨나니 즈음하여

하늘에선 크고 작은 만다라꽃
전단향과 침수향이 비 오듯이
흩뿌려서 제불들께 공양하고
하늘 북은 묘한 소리 절로 내며

천만 가지 하늘 옷이 빙빙 돌며
내려오고 묘한 보배 향로에선
값도 모를 온갖 향이 피어올라
큰 법회에 공양하고 많고 많은

보살들이 깃발들과 일산 들고
차례차례 범천까지 이르러서
맑고 묘한 음성으로 천만 게송

읊조려서 제불여래 찬탄터라.

　　　신통의 힘 위대하며 수명 또한
　　　마치 허공 끝없듯이 한량없고
　　　일체중생 이익되게 희유한 법
　　　두루 널리 설하시는 세존이셔!

　　　뉘 있어서 부처 지혜 구하려고
　　　다섯 가지 바라밀을 팔십만 억
　　　나유타 겁 동안이나 실천해도
　　　어떤 선남·선녀들이 여래 수명

　　　한량없단 말씀 듣고 의혹 없이
　　　맘속 깊이 잠시 잠깐 믿는다면
　　　그 복 훨씬 많다시니 이제 저희
　　　굳게 믿고 온몸 가득 기쁨으로

　　　덩더더쿵 덩실 춤을 추옵니다.

　　　도량에서 두렴 없이 사자후로

하늘·인간 존경받고 여래 수명
한량없다 위풍당당 설하시는
석가족의 법왕이신 세존이셔!

청정한 맘 숨김없이 정직하되
부지런히 독송하며 잊지 않고
여래 말씀 의심 없이 이해하길
저희들도 간절하게 원합니다.

여래 수명 설함 듣고 깊이 믿어
이해한 자 기사굴산 그곳에서
대중에게 에워싸여 설법하는
여래 모습 친견할 수 있다시니

덩더더쿵 덩실 춤을 추옵니다.

이제 저희 석가세존·다보여래·
분신제불 향해 발원 세우노니
'법화경을 지니면서 보시·지계
인욕하고 정진·선정 즐기면서

성냄 없이 악한 말도 하지 않고
자만심을 멀리 떠나 항상 지혜
사유하며 묘법연화 뜻에 따라
부드럽고 온화하게 설하리다.'

부처님의 지혜 광명 환히 밝힌
삿다르마 푼다리카 수트라여!
이 마음이 하얀 연꽃! 거룩하고
거룩하다 나무실상묘법연화경!

묘법연화경 분별공덕품 제17 마침

묘법연화경 수희공덕품[1] 제18

바로 그때 미륵보살 세존께서
멸도하신 뒤에라도 그 뉘 있어
이 경 듣고 같이 따라 기뻐하는
그 공덕이 어떠한지 여쭙거늘

우리 세존 알기 쉽게 설하시니
어떤 사람 이 경 듣고 같이 따라
기뻐한 뒤 부모·친척·좋은 벗과
아는 사람 한 명에게 가르침을

전하여서 그 사람도 듣고 난 뒤
역시 따라 기뻐하고 이와 같이
차례차례 이어져서 오십 번째
그의 공덕 설명하여 밝히시길

비유컨대 어떤 시주 4백만 억
아승기의 세계 온갖 중생들과

---

1) 수희공덕품(隨喜功德品) : 같이 따라 기뻐하는 공덕을 설하는 품

함께하며 그들에게 팔십 년이
다하도록 뜻에 따라 원하는 것

나눠주는 재보시²⁾를 하였으나
시주받은 그 사람들 노쇠하여
머지않아 죽으리라 생각되어
법보시³⁾를 베풀어서 수행토록

'견고하지 못한 세상 물거품과
아지랑이 같거니와 너희 응당
어서 빨리 싫증 내고 여읠 마음
내라.' 하여 모든 이들 아라한이

되었다고 할지라도 마지막의
오십 번째 듣고 따라 기뻐한 자
그 사람 복 저보다도 뛰어나서
정녕 감히 비교할 수 없거니와

---

2) 재보시(財布施) : 재물을 베풂.
3) 법보시(法布施) : 부처님의 가르침을 전하여서 제도 받게 인도함. 또는 경전이나 불서를 베풂.

더욱이나 법회에서 처음 듣고
같이 따라 기뻐했던 그 사람의
공덕 감히 말과 글로 설명할 수
없다시며 여래께서 바로 이어

그 뉘 있어 이 경 매우 미묘하여
천만겁에 만나기가 어렵다며
한 사람을 권하여서 법화경을
듣게 하여 받는 공덕 설하시길

'이 사람은 세세생생 입병 없고
치아 또한 성글거나 누렇거나
검지 않고 입술 아니 두꺼우며
안 말려서 보기 좋고 혀는 짧고

마르거나 검지 않고 코는 높고
길쭉하고 똑바르며 넓은 이마
평평하여 반듯하고 얼굴 모습
단정하고 엄숙하며 남들 보기

좋아하며 입에서는 악취 나지
아니하고 푸른 연꽃[4] 좋은 향기
그 입에서 항상 풍겨 나오리라.'
하셨나니 이와 같이 묘법연화

누구라도 권한다면 여섯 가지
감각기관 청정함을 얻으리니
저희들도 주위 아는 모든 이들
힘껏 권해 육근 청정 얻게 될 터!

덩더더쿵 덩실 춤을 추옵니다.

이 경 잠깐 듣고 따라 기뻐하는
공덕으로 뒷세상에 코끼리나
말의 수레 얻어 타고 하늘 궁전
오르리라 설하시는 세존이셔!

덩더더쿵 덩실 찬탄 하옵니다.

---

4) 푸른 연꽃 : 원문은 '우발라화(優鉢羅華)'로 줄여서 '우발라'라고도 하는데, 푸른 연꽃으로 7월에 꽃이 핌.

설법하는 그곳에서 다른 사람
자리 권한 그 복 지은 인연으로
다음 생에 제석·범천·전륜왕좌
얻는다고 설하시는 세존이셔!

저희 이제 희유하온 법화경을
지니옵고 아는 이들 전하여서
오십 번째 이르도록 유포시켜
두루 널리 요익되게 하오리다.

부처님의 지혜 광명 환히 밝힌
삿다르마 푼다리카 수트라여!
이 마음이 하얀 연꽃! 거룩하고
거룩하다 나무실상묘법연화경!

묘법연화경 수희공덕품 제18 마침

묘법연화경 법사공덕품 제19

바로 그때 여래께서 상정진을
향하여서 법화경을 수지하고
독송하며 해설하고 베껴 쓰는
5종법사[1] 얻을 공덕 설하시니

두렴 없는 마음으로 묘법연화
설할진대 이 사람은 800 공덕
수승한 눈 얻게 되어 대천세계
안과 밖을 환히 보고 아래로는

아비지옥 맨 위로는 유정천에
이르도록 빠짐없이 보거니와
일체중생 업의 인연·과보 받는
그 모두를 안다시니 기쁨 가득

덩더더쿵 덩실 춤을 추옵니다.

---

1) 5종법사(五種法師) : 받아 지니고(受持), 읽고(讀), 외우고(誦), 해설하고, 베껴 쓰는(書寫) 자를 다섯 종류 법사라 일컬음.

마찬가지 귀의 공덕 천이백을
얻게 되어 그 귀 매우 청정하고
더럼 없이 평상시의 귀로 듣되
맑고 좋은 노랫소리 혹은 모든

부처님들 미묘한 법 설하심을
법사 여기 머물면서 듣자옵고
귀가 전혀 손상되지 않으면서
온갖 소리 듣는다니 기쁨 가득

덩더더쿵 덩실 춤을 추옵니다.

또한 코의 공덕 800 성취하여
이 세상의 향기거나 물건 냄새
가지가지 모두 맡아 알 것이니
냄새 맡는 그 힘으로 남녀들이

생각하는 탐·진·치의 마음 알고
불법 속에 정진하되 나무 아래
오롯하게 좌선함도 냄새 맡아

그 위치를 안다시니 기쁨 가득

덩더더쿵 덩실 춤을 추옵니다.

혀의 공덕 천이백도 얻으리니
먹고 씹는 모든 음식 감로 같고
이 사람 혀 청정하여 설법하면
범천왕과 자재천과 대자재천

모든 하늘 기뻐하며 그의 처소
찾아와서 공양하고 여래께서
법사 설법 음성 듣고 그를 항상
지켜준다 하옵시니 기쁨 가득

덩더더쿵 덩실 춤을 추옵니다.

법화경을 지니는 자 몸의 공덕
800 얻은 그 몸 매우 청정하여
마치 맑고 밝은 거울 모든 모습
다 비추듯 이 보살의 맑은 몸에

세상 있는 그 모두가 나타나되
혼자 알 뿐 다른 사람 못 보지만
대천세계 중생들이 몸 가운데
나타난다 하옵시니 기쁨 가득

덩더더쿵 덩실 춤을 추옵니다.

마찬가지 뜻의 공덕 천이백을
얻으리니 이런 묘한 의근으로
한 게송만 듣고서도 무량한 뜻
통달하고 이 경 지닌 덕분으로

육도 중생 생각들을 한꺼번에
모두 알며 이 사람은 묘법연화
지니면서 안주할새 그 모두가
공경한다 하옵시니 기쁨 가득

덩더더쿵 덩실 춤을 추옵니다.

큰 법회의 대중들이 끊임없이

정진토록 격려하고 교화코자
미묘 법문 설하시는 이 세상에
훌륭하고 으뜸이신 세존이셔!

이제 저희 눈의 청정 성취하여
일체중생 길라잡이 되오리다.
귀의 청정 성취하여 시방 제불
묘한 법문 빠짐없이 들으리다.

코의 청정 성취하여 그윽하게
풍겨오는 여래 향기 맡으리다.
혀의 청정 성취하여 무진 법문
설하여서 안락함을 주오리다.

몸의 청정 성취하여 시방세계
걸림 없이 육바라밀 행하리다.
뜻의 청정 성취하여 지친 중생
쉴 수 있는 큰 나무가 되오리다.

부처님의 지혜 광명 환히 밝힌

삿다르마 푼다리카 수트라여!
이 마음이 하얀 연꽃! 거룩하고
거룩하다 나무실상묘법연화경!

묘법연화경 법사공덕품 제19 마침

묘법연화경 상불경보살품 제20

바로 그때 여래께서 득대세를
호명하사 멀고도 먼 과거세의
위음왕불 그 시절을 설하시니
겁의 이름 이쇠였고 세계 이름 (離衰)

대성으로 성문에겐 사제법을 (大成)
연각에겐 십이인연 설하셨고
보살에겐 육바라밀 설하셔서
부처님의 지혜 얻게 하셨나니

이 부처님 멸도한 뒤 상법 시절
증상만의 대중들이 큰 세력을
떨쳤거늘 즈음하여 한 보살이
있었으니 상불경은 그의 별명!

이 보살이 사부대중 보이기만
하면 항상 찬탄하며 말하기를
'나는 너희 경시하지 않으오니

그대들은 도를 닦아 응당 모두

성불하리.' 하였거늘 그 사람들
듣고 나서 경멸하고 헐뜯으며
매도해도 이 상불경 보살비구
능히 참고 감수하다 남은 죄업

소멸하고 임종 직전 허공에서
들려오는 묘법연화 이십 천만
억의 게송 듣고 육근 청정해져
신통력을 얻었기에 수명 또한

늘었으며 일체중생 위하여서
법화경을 설하였고 그 수명이
마친 뒤에 2천억의 일월등명
부처님을 만나 뵙고 그곳에서

묘법연화 설하다가 그 뒤 다시
2천억의 운자재등왕여래를
친견하고 그 뒤 다시 천만 억의

여래 뵙고 거기서도 설하여서

법 집착한 대중들이 이 보살의
교화 입어 불도 안에 머무르게
되었으니 이 경 설한 덕분으로
한량없는 복을 얻고 차츰차츰

공덕 갖춰 속히 불도 이뤘나니
이제 저희 크고도 큰 신통력과
말 잘하는 솜씨 얻고 큰 지혜도
얻으시온 상불경보살마하살!

덩더더쿵 덩실 찬탄 하옵니다.

그 당시의 상불경은 석가여래!
경멸했던 사람들은 발타바라
보살대중 오백 명과 사자월 등
오백 비구·니사불 등 오백 명의

우바새가 그들이라 밝히시니

이는 마치 연 방죽에 연밥 뿌려
연꽃 활짝 피우듯이 중생 밭에
성불 인연 심으시기 위함이라.

지난 세상 많은 이들 권하여서
열반 안에 머물도록 가르치고
세세생생 법화경을 마음 새겨
지니도록 하셨다는 세존이셔!

억만 겁을 곱절 지나 불가사의
겁 되어야 그때 겨우 묘법연화
듣고 받아 지닐 거며 억만 겁을
곱절 지나 불가사의 겁 되어야

제불세존 때맞춰서 법화경을
설하시니 수행자는 명심하고
여래께서 멸도한 뒤 이 경 듣고
의혹 내지 말라시는 세존이셔!

이제 저희 응당 마음 기울여서

가장 귀한 가르침의 법화경을
끊임없이 항상 설해 부처님을
만나 뵙고 속히 불도 이루리다.

부처님의 지혜 광명 환히 밝힌
삿다르마 푼다리카 수트라여!
이 마음이 하얀 연꽃! 거룩하고
거룩하다 나무실상묘법연화경!

묘법연화경 상불경보살품 제20 마침

묘법연화경 여래신력품 제21

바로 그때 땅속에서 솟아 나온
많고 많은 보살들이 모두가 다
일심으로 부처님께 사뢰기를
'여래께서 멸도한 뒤 분신제불

처소에서 참되고도 청정하고
위대하신 가르침을 마음 새겨
지니옵고 설하리라.' 발원할새
이 세상을 구하시는 석가세존·

분신제불 중생에게 기쁨 주어
부촉하려 열 가지의 신통력[1]을
나타내니 넓고도 긴 혀 내밀어
범천까지 다다르고 털끝마다

무수 광명 놓으셔서 백천 년이

---

1) ①넓고도 긴 혀를 내미심 ②털구멍으로 광명을 놓으심 ③큰기침을 하심 ④손가락을 튕기심 ⑤온 대지가 6종으로 진동함 ⑥큰모임을 두루 보이심 ⑦허공에서 외치는 소리가 들림 ⑧모두가 귀의함 ⑨멀리서 온갖 물건을 흩뿌림 ⑩시방세계가 훤히 트임.

다 차도록 시방세계 두루두루
비추신 뒤 혀를 다시 거두시고
동시 함께 큰기침을 토하시며

손가락을 튕기시니 시방 곳곳
제불 세계 두루 들려 온 대지가
6종으로 진동할새 모든 세계
천룡팔부 중생들이 부처님의

위신으로 사자좌 위 제불들과
보탑 안의 석가여래·다보불을
뵙고서는 미증유를 얻었거늘
저희들도 온몸 가득 기쁨으로

덩더더쿵 덩실 춤을 추옵니다.

즈음하여 여러 하늘 허공에서
큰 소리로 '끝이 없는 백천만억
아승기의 세계 지나 사바세계
그곳에서 석가여래 법화경을

설하시니 같이 따라 기뻐하고
그분에게 예경하며 공양하라.'
외치거늘 그 말 들은 모든 중생
사바세계 향하여서 석가모니

부처님께 귀의하며 온갖 꽃과
향과 영락 가지가지 묘한 물건
허공중에 흩뿌리니 시방에서
구름처럼 모여들어 보배로운

장막으로 변하여서 영취산의
제불여래 그 위 두루 덮었으니
시방세계 훤히 트여 걸림 없이
한 불국토 같았거늘 바로 이어

세존께서 상행 등의 한량없는
보살대중 향하여서 '부처님의
일체법과 자유자재 신통력과
비밀스런 가르침과 부처님의

일체 깊고 깊은 일을 법화경에
　　　널리 펴서 보였으며 드러내어
　　　설했기에 일심으로 마음 새겨
　　　지니면서 독송하며 해설하고

　　　베껴 써서 설한대로 수행하라.'
　　　부촉하되 경전 있는 곳이라면
　　　어디라도 그곳 이미 도량일새
　　　부처님들 그곳에서 최정각을

　　　이루시고 그곳에서 진리 수레
　　　굴릴 거며 그곳에서 무여열반
　　　드시리니 탑을 세워 공양하라
　　　당부커늘 이제 저희 탑 세우고

　　　덩더더쿵 덩실 춤을 추오리다.

　　　이 경 부촉 위하여서 마음 새겨
　　　지니는 자 찬미하되 한량없는
　　　겁을 해도 다할 수가 없거니와

공덕 또한 무궁하여 정녕 끝을

알 수 없고 능히 이 경 지니는 자
바로 세존 뵌 것이며 다보불과
분신불도 친견하고 교화받은
보살들도 본다시는 세존이셔!

능히 이 경 지니는 자 부처님들
도량 앉아 얻으셨던 비밀의 법
머지않아 얻을 거며 묘법연화
설법하되 해와 달의 밝은 빛이

능히 어둠 몰아내듯 일체중생
무명 번뇌 없애주고 많은 보살
가르쳐서 일승 안에 머무르게
할 거라고 설하시는 세존이셔!

이제 저희 이와 같은 공덕 이익
듣자옵고 여래 말씀 굳게 믿되
추호라도 의심하지 아니하고

묘법연화 받들어서 지니리다.

부처님의 지혜 광명 환히 밝힌
삿다르마 푼다리카 수트라여!
이 마음이 하얀 연꽃! 거룩하고
거룩하다 나무실상묘법연화경!

묘법연화경 여래신력품 제21 마침

묘법연화경 약왕보살본사품 제22

세존께서 수왕화의 질문받고
약왕보살 과거 생을 설하시니
한량없는 갠지스강 모래수 겁
오래전에 부처님이 계셨거늘

그의 명호 일월정명덕불세존!
저 부처님 팔십억의 대보살과
일체중생희견보살·성문대중
그들 위해 법화경을 설하실새

일체중생희견보살 만이천 년
동안이나 일심으로 정진하여
일체색신(一切色身) 나타내는
삼매 얻고 마음 기뻐 부처님과

법화경에 공양코자 바로 삼매
들었으니 즈음하여 허공에서
크고 작은 만다라꽃·흑전단향

구름같이 허공 가득 비 오듯이

흩뿌렸고 값도 모를 해차안의
전단향을 부처님께 공양한 뒤
'이 몸 바쳐 공양함만 못하도다'
생각하고 전단·훈륙·도루바와

필력가와 침수·교향 복용하고
첨복꽃과 가지가지 꽃의 향유
마신 뒤에 몸에 향유 바르고서
정명덕불 전에 하늘 보배 옷을

두르고서 온갖 향유 뿌리옵고
발원하며 자신의 몸 태웠거늘
바로 그때 빛줄기가 팔십억의
갠지스강 모래알 수 세계 두루

뻗쳤나니 그 세계의 부처님들
동시 함께 찬탄하여 이르시길
'훌륭하고 훌륭하다 선남자여!

이야말로 참된 정진 참된 공양!

온갖 꽃과 향과 영락·깃발·일산
가지가지 물건들로 공양하고
왕위·도성·처자식을 보시한다
할지라도 그대 공양 못 미칠 터!

모든 보시 중에 가장 존귀하고
으뜸가는 보시려니 여법하게
제불에게 공양하기 때문이라'
찬탄하고 묵연하게 계셨나니.

일체중생희견보살 그의 몸이
천이백 년 불탄 뒤에 바야흐로
꺼졌거늘 거룩하고 거룩할새
온몸 가득 기쁨으로 꽉 찬 저희

덩더더쿵 덩실 찬탄 하옵니다.

법공양을 마친 보살 그 목숨이

다한 뒤에 가부좌를 맺은 채로
정덕왕가 변화하여 태어나서
부왕에게 자기 자신 부처님께

공양 올려 일체중생 언어 아는
다라니를 얻었으며 한량없이
많고 많은 법화경의 게송들을
들었다고 사뢴 뒤에 칠보로 된

누대 앉되 7다라수 허공으로
솟아올라 여래 처소 도착하여
예경할새 정명덕불 희견보살
그를 향해 부처님의 가르침과

모든 보살·제자들과 깨달은 법·
칠보 세계·보배나무·보배 누대·
모든 하늘 부촉하고 수천 개의
사리탑을 세우라고 이르신 뒤

늦은 밤중 무여열반 드셨나니

희견보살 슬픔 겨워 탄식하며
다비하여 8만4천 사리탑을
세웠으나 흡족하지 아니하여

두 팔 태워 공양하니 모든 하늘
인간들과 아수라 등 근심하고
슬퍼할새 서원 세워 이르기를
'나의 두 팔 버렸으나 진실하여

허망하지 않을진대 예전처럼
돌아가리' 하였거늘 바로 두 팔
회복할새 즈음하여 대천세계
6종으로 진동하고 하늘에선

보배 꽃이 비 오듯이 흩뿌렸고
천상·인간 미증유를 얻었나니
복덕·지혜 순박하고 두터우신
희견보살 그분 향해 저희 모두

덩더더쿵 덩실 찬탄 하옵니다.

세존께서 일체중생희견보살
다름 아닌 약왕보살 그이라며
약왕보살본사품을 들은 공덕
한량없고 끝이 없다 설하시길

'어떤 여인 이 품 새겨 지닌다면
이후 다시 여인의 몸 받지 않고
탐진치와 교만·질투 없어져서
무생법인 얻을 거며 어떤 사람

약왕보살본사품을 듣고 함께
기뻐하며 거룩하다 찬탄하면
살아생전 입안에서 푸른 연꽃
묘한 향기 풍기리라' 하시옵고

수왕화를 호명하사 일승의 길
묘법연화 이 경전을 염부제에
널리 펴서 유포하라 명하시니
'물 가운데 바닷물이 으뜸이듯

산 가운데 수미산이 으뜸이듯
별 가운데 달이 가장 으뜸이듯
왕 가운데 전륜성왕 으뜸이듯
범부 중에 아라한이 으뜸이듯

성문·연각 그 가운데 보살들이
으뜸이듯 이 경 가장 으뜸이며
태양 능히 온갖 어둠 몰아내듯
이 경 능히 악한 어둠 몰아내며

삼십삼천 그 가운데 제석천이
왕이듯이 이 경 정녕 대왕이며
대범천왕 중생들의 아버지듯
성현 마음 낸 자들의 아버지고

부처님이 모든 법의 왕이듯이
경 가운데 법화경이 대왕이기
때문이라' 하시거늘 이제 저희
듣자옵고 온몸 가득 기쁨으로

덩더더쿵 덩실 춤을 추옵니다.

즈음하여 보탑 안의 다보여래
'이와 같은 일을 여쭤 일체중생
한량없는 이익 얻게 하였다.'며
수왕화를 칭찬할새 저희들도

덩더더쿵 덩실 찬탄 하옵니다.

묘법연화 지니는 자 틀림없이
도량에서 길상초를 깔고 앉아
모든 마군 쳐부수고 일체중생
제도한다 설하시는 세존이셔!

저희들도 약왕보살 본을 삼아
법화경의 가르침을 받아 지녀
여법하게 수행하며 육근·육진
초탈하여 법화삼매 얻으리다.

부처님의 지혜 광명 환히 밝힌

삿다르마 푼다리카 수트라여!
이 마음이 하얀 연꽃! 거룩하고
거룩하다 나무실상묘법연화경!

묘법연화경 약왕보살본사품 제22 마침

묘법연화경 묘음보살품 제23

바로 그때 여래께서 정수리와
미간 백호 광명 놓아 동쪽으로
일백팔만 억 나유타 갠지스강
모래수의 제불 세계 비췄거늘

일체정광장엄세계 그곳에서
정화수왕지불여래 수없이도
많고 많은 보살에게 에워싸여
설법하고 계셨으며 그 세계에

한 보살이 있었나니 그 명호가
묘음이라 오랫동안 착한 씨앗
심었으며 제불여래 친근하여
공양하고 법화삼매 등의 온갖

백천만억 삼매 얻은 묘음보살!
바로 그때 석가여래 빛줄기가
본인의 몸 비추는 걸 보고서는

사바세계 나아가서 석가세존

예경·친근·공양하고 여러 보살
만나리라 부처님께 사뢴 뒤에
바로 자리 앉은 채로 삼매 들어
영취산의 법좌에서 멀지 않은

곳에다가 8만4천 꽃송이로
장엄할새 염부단금 줄기 되고
이파리는 백은이고 금강으로
꽃술 되고 받침대는 견숙가보!

즈음하여 다보여래 신통으로
묘음보살 정광장엄 세계 떠나
8만4천 보살들과 함께 오는
모습 모두 보였거늘 지나오는

국토마다 6종으로 진동하고
칠보로 된 연꽃들이 비 오듯이
흩뿌리고 백천 가지 온갖 천상

악기들이 스스로가 울렸나니

묘음보살 그 눈 넓고 크거니와
마치 푸른 연꽃잎과 같사오며
황금색의 용모 또한 백천만의
밝은 달이 화합하여 어울려도

이보다 더 단정할 수 없으리니
한량없는 공덕으로 장엄하고
위엄과 덕 물씬 풍겨 빛나옵고
모든 상을 갖췄거늘 그분 향해

덩더더쿵 덩실 찬탄 하옵니다.

묘음보살 사바세계 영취산의
여래 앞에 도착하여 그의 머리
조아리며 예경하고 가지고 온
백천 냥의 값진 영락 바치옵고

석가모니 부처님과 다보불께

일체정광 장엄세계 부처님을
대신하여 문안드려 사뢴 뒤에
다보여래 친견하길 청하오니

보탑 안의 다보여래 이르시되
'석가세존 부처님께 공양한 뒤
법화경을 듣자옵고 아울러서
문수사리 보살들을 보기 위해

이곳까지 찾아오니 선남자여!
훌륭하고 훌륭하다.' 하셨으며
그때 세존 화덕보살 질문받고
묘음보살 심은 선근·닦은 공덕

그 인연과 신통력을 설하시니
과거세에 부처님이 계셨거늘
그 명호가 운뢰음왕 여래시라
묘음보살 만이천 년 동안 내내

십만 가지 풍악으로 부처님께

공양하고 칠보로 된 8만4천
바리때를 받들어서 올린 공덕
인연으로 정화수왕지여래의

정광장엄 그 세계에 태어났고
신통력을 얻었으며 서른둘의
가지가지 몸을 나퉈 일체중생
위하여서 법화경을 설하오며

삼악도의 환난마저 구제할새
그 위대한 신통력과 지혜의 힘
성취하신 묘음보살 그분 향해
덩더더쿵 덩실 찬탄 하옵니다.

일체색신 나타내는 삼매 속에
머물면서 가지가지 변화의 몸
나타내어 일체중생 제도하여
해탈토록 하옵시고 아울러서

보살 함께 따라왔던 8만4천

대중들과 사바세계 한량없는
보살들도 일체색신 나타내는
삼매 모두 얻게 하신 묘음이셔!

덩더더쿵 덩실 찬탄 하옵니다.

묘음보살 석가세존·다보불탑
향하여서 공양하고 본국으로
돌아가서 정화수왕지여래께
사바세계 있었던 일 사뢨나니

묘음보살래왕품[1]을 듣자옵고
4만2천 천자들이 무생법인
얻었으며 화덕보살 법화삼매
얻었거늘 저희들도 기쁨 가득

덩더더쿵 덩실 춤을 추옵니다.

부처님의 지혜 광명 환히 밝힌

---

1) 묘음보살래왕품(妙音菩薩來往品) : '묘음보살이 왔다 가신 품'이라는 뜻.

삿다르마 푼다리카 수트라여!
이 마음이 하얀 연꽃! 거룩하고
거룩하다 나무실상묘법연화경!

묘법연화경 묘음보살품 제23 마침

묘법연화경 관세음보살보문품 제24

즈음하여 무진의가 일어나서
'묘한 상호 구족하신 세존이셔!
저 보살은 이 어떠한 인연으로
그 명호가 관세음이 됐나이까?'

부처님께 합장하며 여쭈울새
우리 세존 일체중생 이익되게
관음보살 그 인연을 설하시니
숱한 고뇌 받고 있는 중생들이

일심으로 그의 명호 부른다면
관세음이 중생 음성 살펴보고
모두가 다 해탈토록 하시나니
뉘 있어서 헤침 입어 큰불 속에

떨어져도 깊은 바다 표류하게
될지라도 악귀·나찰·독룡들과
온갖 귀신 만난다고 할지라도

관세음의 그 명호를 부른다면

불구덩이 변하여서 연못 되고
크고 작은 파도 바로 사라지며
가지가지 환난에서 벗어나게
될 터이니 이와 같은 인연으로

얻은 명칭 관세음보살마하살!
뉘 있어서 원적 만나 에워싸고
몽둥이로 헤치려고 할지라도
국법 어긴 죄명으로 사형수가

될지라도 죄수 되어 큰 칼 쓰고
손과 발이 쇠고랑에 묶였어도
관음보살 그 힘 믿고 일심으로
부른다면 모든 속박 벗어나며

저주하는 온갖 주술·독약으로
헤치려고 할지라도 관음보살
그 힘 믿고 일심으로 부른다면

되레 그자 본인에게 돌아가고

먹구름에 번개 치고 천둥 울려
우박이나 장대비가 쏟아져도
관음보살 불가사의 그 힘 믿고
염한다면 흩어지고 사라지며

뉘 있어서 소송으로 법정 서고
전쟁 중에 처하여도 관음보살
일심으로 부른다면 모두 해탈
얻는다니 온몸 가득 기쁨으로

덩더더쿵 덩실 춤을 추옵니다.

뉘 있어서 음욕심과 화내는 맘
어리석음 많더라도 항상 보살
생각하고 공경하면 바로 즉시
여읠 거며 어떤 여인 아들딸을

원하면서 관음보살 예경하고

공경하면 복스럽고 지혜로운
아들 얻고 아울러서 전생부터
선근 심어 모든 사람 사랑하고

공경하는 그 용모가 반듯하고
어여쁜 딸 낳으리니 이와 같이
관세음은 열네 가지 두렴 없는
공덕으로 일체중생 무척이나

요익되게 하옵시고 두 가지 원[1]
충족시켜 주시오니 그 모두가
마음 깊이 새기고서 일심으로
칭명하라 권하시며 바로 이어

'뉘 있어서 6십2억 갠지스강
모래수의 보살들을 부르면서
그 목숨이 다하도록 음식들과
의복·침구·의약들을 공양하고

---

1) 두 가지 원 : ①고난에서 벗어나기를 원함. ②아들딸 낳기를 원함.

또 다른 이 관음보살 그 명호를
지니고서 잠시라도 예경하고
공양하면 이 두 사람 그 복 정녕
똑같다'고 설하실새 무진의가

다시 여쭤 관세음의 사바세계
노니심과 또한 설법·방편의 힘
여쭙거늘 우리 세존 대답하사
관음보살 부처님의 몸으로써

제도할 자 부처님 몸 나타내어
설법하며 벽지불과 성문으로
제도할 자 그의 몸을 나타내어
설법하고 마찬가지 하늘·인간

사부대중·부인들과 동남·동녀
천룡팔부·집금강 등 서른둘의
몸으로써 제도할 자 그들 몸을
나타내어 설법한다 설하실새

바로 그때 무진의가 백천 냥의
값나가는 가지가지 보배 구슬·
영락 풀어 조아리며 바쳤나니
이를 받은 관세음보살마하살!

둘로 나눠 석가모니 부처님과
다보불께 바쳤거늘 바로 그때
지지보살 '보문품의 자재로운
그 활동과 신통력을 들은 자는

공덕 적지 않으리라' 아뢨으며
그 자리의 8만4천 중생들이
보리심을 내었으니 이제 저희
일심으로 관세음을 부르리다.

수천억의 부처님들 뫼시면서
맑고 맑은 큰 서원을 세우옵고
일체 공덕 갖추고서 중생에게
자애로운 눈길 주며 쌓은 복은

바다같이 한량없고 뭇 중생들
곤경이나 재앙 만나 숱한 고통
받더라도 묘한 지혜 그 힘으로
세간 고통 구하시는 관음이셔!

신통력이 구족하고 지혜·방편
널리 닦아 시방세계 온 누리에
곳곳마다 변화된 몸 나타내며
육도 중생 생로병사 괴로움을

차츰차츰 없애주고 대자비의
묘한 구름 감로 같은 진리의 비
흠씬 뿌려 불꽃처럼 타는 번뇌
식혀주는 성스러운 관음이셔!

진실하게 관찰하고 청정하게
관찰하며 넓고도 큰 지혜로써
관찰하고 측은하게 바라보며
사랑스레 쓰다듬는 관음이셔!

티 없이도 맑은 광명 온갖 어둠
몰아내는 태양 같은 지혜로써
온갖 재앙 잠재우고 세상 곳곳
두루 밝게 비추시는 관음이셔!

온갖 고뇌 환난에서 일체중생
구제하여 두려움을 없애주는
그 까닭에 '시무외자'[2]라고 달리
불리시는 관세음보살마하살!

덩더더쿵 덩실 찬탄 하옵니다.

부처님의 지혜 광명 환히 밝힌
삿다르마 푼다리카 수트라여!
이 마음이 하얀 연꽃! 거룩하고
거룩하다 나무실상묘법연화경!

묘법연화경 관세음보살보문품 제24 마침

---

2) 시무외자(施無畏者) : '두려움을 없애주시는 분'이라는 뜻.

묘법연화경 다라니품 제25

바로 그때 약왕보살 법화경을
마음 새겨 지니고서 독송하여
막힘 없이 통달하고 베껴 써서
얻을 복을 두 손 모아 여쭙거늘

세존께서 묘법연화 한 구절만
받아 지녀 독송하며 해설하고
설한대로 수행한다 할지라도
8백만 억 나유타의 갠지스강

모래알 수 제불들께 공양하는
것 보다도 더욱 많다 답하시자
약왕보살 법화경을 마음 새겨
지니는 자 옹호하기 위하여서

육십이억 갠지스강 모래수의
부처님들 전해주신 다라니를
설했으며 즈음하여 용시보살

또한 법사 위하여서 다라니를

설하였고 바로 이어 이 세상을
수호하는 비사문천 왕도 역시
법사 주위 1백유순 안에 온갖
쇠락·환난 없애리라 사뢰면서

다라니를 설했으며 지국천왕
부처님의 처소 앞에 이르러서
합장하고 사십이억 제불께서
전해주신 다라니를 설했나니

덩더더쿵 덩실 찬탄 하옵니다.

즈음하여 나찰녀들 있었으니
첫째 이름 남바였고 비남바와
곡치·화치·흑치·다발·무염족과
지영락과 고제였고 마지막의

열 번째는 '일체 정기 뺏는다'는 (奪一切衆生精氣)

나찰녀로 귀자모들 함께 와서
'법사 허물 찾으려고 할지라도
틈을 주지 않을 거며 온갖 악귀

꿈속에도 괴롭히지 못하도록
하겠다.'며 다라니를 설하고서
부처님께 게송으로 사뢰기를
'저희들의 이 주문을 무시하고

설법자를 괴롭히면 아리수의
가지처럼 그의 머리 일곱으로
쪼갤 거며 이 법사를 해한 자는
무거운 죄 범한 자로 재앙 응당

받으리라.' 하였나니 세존 그들
칭찬하사 법사 옹호 명했거늘
다라니품 설하실 적 6만8천
사람 모두 무생법인 얻었나니

덩더더쿵 덩실 찬탄 하옵니다.

법화경을 지니는 자 다라니의
가지력[1]이 없고서는 말법 세상
온갖 장애 벗어나기 힘이 들고
묵은 업장 녹이기가 어렵거늘

부처님의 불가사의 그 힘으로
두 보살과 두 천왕과 열 나찰녀
그들에게 다라니로 법사들을
옹호토록 하옵시는 세존이셔!

다라니를 지니는 자 그의 믿음
정도 따라 가피 또한 그러할새
이제 저희 추호라도 의심하지
아니하고 굳게 믿어 지니리다.

부처님의 지혜 광명 환히 밝힌
삿다르마 푼다리카 수트라여!
이 마음이 하얀 연꽃! 거룩하고

---

1) 가지력(加持力) : 여래가지력의 준말로 加는 가피 持는 섭지(攝持)를 뜻함. 부처님께서 가피로써 중생을 지켜주는 힘.

거룩하다 나무실상묘법연화경!

묘법연화경 다라니품 제25 마침

⟨약왕보살 묘법연화경 수지자 옹호다라니⟩

안녜 만녜 마네 마마네 칫테 차리테 사메 사미타 비샨테 묵테 묵타타메 사메 아위샤메 사마사메 자예 크샤예 악샤예 악시네 샨테 사미테 다라니 아로카바세 프라티아벡사니 니디루 아비얀타라 니비스테 아비얀타라 파리숫디 무트쿠레 무트쿠레 아라데 파라데 스캉크시 아사마사메 붓다비로키테 다르마 파릭시테 상가 니르고사니 니르고니 바야바야 비쇼다니 만트레 만트락 사야테 루테 루타 캬우샤리예 악사예 악사야 바나타예 밧크레 바로다 아만야 나타예 스와하 (3번)

⟨용시보살 묘법연화경 수지자 옹호다라니⟩

즈바레 마하즈바레 욱케 툭케 묵케 아데 아다바티 누리티예 누리티야바티 잇티니 빗티니 칫티니 누리티야니 누리티야바티 스와하 (3번)

⟨비사문천왕 묘법연화경 수지자 옹수호다라니⟩

앗테 닷테 낫테 바낫테 아나데 나디 쿠나디 스와하 (3번)

〈지국천왕 묘법연화경 수지자 옹호다라니〉

아가네 가네 가우리 간다리 찬다리 마탕기 풋카시 상크네 불사리 시시 스와하 (3번)

〈십대나찰녀 묘법연화경 수지자 옹호다라니〉

이티메 이티메 이티메 이티메 이티메

니메 니메 니메 니메 니메

루헤 루헤 루헤 루헤 루헤

스투헤 스투헤 스투헤 스투헤 스투헤 스와하 (5번)

묘법연화경 묘장엄왕본사품 제26

세존께서 멀고도 먼 아승기겁
전의 일을 대중에게 설하시니
그 당시에 부처님이 계셨거늘
그의 명호 운뢰음수왕화지불!

세계 이름 광명장엄(光明莊嚴)!
그 세계에 묘장엄왕 있었으며
왕비 이름 정덕이고 정장·정안
두 왕자를 두었으니 두 아들이

신통력과 복덕·지혜 갖췄으며
여섯 가지 바라밀과 4무량심
아울러서 삼십칠품 조도법을
통달하고 정삼매 등 여러 삼매 (淨三昧)

얻었거늘 즈음하여 저 부처님
중생들과 묘장엄왕 애민하사
법화경을 설하시고 계셨나니

두 왕자가 어머니께 설법 듣길

권했으나 되레 왕비 외도 믿는
묘장엄왕 걱정하여 신통한 일
보여주어 회유하길 당부할새
정장·정안 부왕 앞에 나아가서

7다라수 허공 높이 솟아올라
자유자재 오고 가고 앉고 눕고
그러면서 상반신과 하반신에
각기 달리 물과 불을 뿜어댔고

혹은 큰 몸 나타내어 허공 가득
채웠다가 그 몸 다시 작아지게
하였으며 공중에서 사라졌다
홀연 땅에 나타나고 물과 같이

땅속으로 스며들고 수면 위를
평지처럼 걸어가는 가지가지
신통 변화 나타내자 부왕 마음

청정해져 미증유를 얻고서는

보리심을 내었거늘 두 왕자가
출가 허락 받은 뒤에 묘장엄왕·
정덕부인·두 왕자가 많은 권속
거느리고 모두 함께 부처님의

처소 앞에 이르러서 예경하고
한쪽으로 물러난 뒤 머물렀단
말씀 저희 듣자옵고 오래전에
법화삼매 이미 얻은 정안보살!

이제악취 삼매[1] 얻고 일체중생
나쁜 갈래 떠나게 한 정장보살!
제불여래 비밀스런 법장 얻은
정덕부인 세 분 향해 저희 모두

덩더더쿵 덩실 찬탄 하옵니다.

---

1) 이제악취삼매(離諸惡趣三昧) : 온갖 나쁜 갈래를 떠나게 하는 삼매.

즈음하여 수왕화지 여래께서
바로 기별 주셨나니 묘장엄왕
비구 되어 부지런히 정진하며
불법 돕다 틀림없이 성불할새

그의 명호 사라수왕 여래시며
세계(世界) 이름 대광(大光)이라
미래 세상 사라수왕 여래 되실
묘장엄왕 그분 향해 저희 모두

덩더더쿵 덩실 찬탄 하옵니다.

부처님의 기별 받고 묘장엄왕
아우에게 바로 나라 맡기고는
출가하여 8만4천 년을 항상
부지런히 정진하고 법화경을

수행하여 일체정공덕장엄의
삼매 얻고 7다라수 허공 올라
부처님께 '두 아들이 저의 왕가

태어나서 삿된 마음 돌이키고

불법 안에 안주토록 하였으며
여래 친견 도왔나니 바로 저의
선지식이 되었다'며 사뢰거늘
수왕화지 여래께서 착한 씨앗

심은 자는 세세생생 선지식을
만나리니 선지식은 보리심을
내게 하는 크고도 큰 인연이라
이르실새 묘장엄왕 허공에서

내려와서 부처님의 백천만억
공덕들과 상호 또한 찬탄하고
제멋대로 행동하지 아니하며
삿된 견해·교만심과 성내는 맘

안 내리라 다짐하고 예경하며
떠났던 일 석가여래 설하옵고
바로 이어 묘장엄왕 그가 바로

화덕보살! 광조장엄상보살은

정덕부인! 정장·정안 두 왕자는
약왕·약상 두 보살로 뉘 있어서
그 명호만 알지라도 하늘·인간
예경한다 설하시자 8만4천

대중들이 티끌 번뇌 멀리하여
더러움을 여의었고 일체 모든
법 가운데 진리의 눈 청정함을
얻었다니 온몸 가득 기쁨으로

덩더더쿵 덩실 춤을 추옵니다.

부처님의 지혜 광명 환히 밝힌
삿다르마 푼다리카 수트라여!
이 마음이 하얀 연꽃! 거룩하고
거룩하다 나무실상묘법연화경!

묘법연화경 묘장엄왕본사품 제26 마침

묘법연화경 보현보살권발품 제27

바로 그때 보위덕상왕여래의
세계에서 자유자재 신통력과
위덕 널리 잘 알려진 보현보살!
묘법연화 설하심을 듣자옵고

헤아릴 수 없이 많은 대보살과
많고 많은 천룡팔부 대중들에
에워싸여 함께 듣고 지니고자
동방에서 좇아오니 지나오는

모든 국토 진동하고 보배 연꽃
비 오듯이 흩뿌리고 백천만억
온갖 풍악 울리면서 영취산에
도착하자 세존 발에 예경하고

일곱 번을 돌고 나서 어찌하면
법화경을 얻느냐고 여쭙거늘
여래께서 대답하사 부처님들

호념 있고 온갖 덕의 씨앗 심고

정정취¹⁾에 들어가고 일체중생
구하겠다 마음 내는 네 가지 법
성취하면 여래께서 멸도하신
뒤에 이 경 얻는다고 설하시니

보현보살 오탁악세 이 경전을
지니는 자 수호하여 쇠락·환난
없애주어 안온하게 하시옵고
그의 허물 엿보면서 괴롭히는

누구라도 틈을 얻지 못 하도록
하시오며 법화경을 독송하고
사유하는 그의 앞에 여섯 개의
어금니를 지닌 하얀 코끼리 왕

타고서는 보살대중 함께 오셔
편안하게 하신다며 이 경 혹시

---

1) 정정취(正定聚) : 반드시 성불할 것이 결정되어 있는 성인.

한 구절을 잊었어도 막힘없이
통하도록 하겠다고 설하시며

보현보살 친견한 자 정진 더욱
가하여서 선다라니·백천만억
선다라니·법음방편 다라니를
얻게 하고 삼칠일 간 일심으로

독송하는 법화행자 그를 위해
흰 코끼리 타고 오셔 설법하고
다라니를 주신다며 이 다라니
얻은 자는 온갖 악귀 침노하지

못할 거며 여인 또한 유혹할 수
없다시며 항상 지켜 보호하는
다라니를 설하실새 이제 저희
지니리라 다짐하며 기쁨 가득

덩더더쿵 덩실 춤을 추옵니다.

저희들이 보현보살 불가사의
능력으로 다라니도 얻었으며
법화경을 받아 지녀 올바르게
기억하고 설한대로 행하리니.

보현행을 실천하며 많고 많은
부처님들 처소에서 착한 씨앗
깊이 심은 법화행자 제불여래
그의 머리 어루만져 주시옵고

오직 베껴 쓰기만을 했더라도
내생에는 도리천에 태어나서
칠보로 된 관을 쓰고 궁녀들과
함께 즐겨 노닐 거며 묘법연화

마음 새겨 지니면서 독송하고
깊은 뜻을 이해하면 다음 생에
도솔천의 미륵보살 그 회상에
왕생한다 설하옵고 신통의 힘

베풀어서 법화경을 수호하고
여래께서 멸도하신 뒤에라도
염부제에 두루 널리 펴겠다는
보현보살 그분 향해 저희 모두

덩더더쿵 덩실 찬탄 하옵니다.

이제 저희 듣자옵고 묘법연화
일심으로 베껴 쓰며 남에게도
쓰게 하고 받아 지녀 독송하며
올바르게 기억하며 행하리다.

바로 이어 세존께서 보현보살
찬탄하고 그의 명호 받드는 자
수호하여 주신다고 설하시며
그 뉘 있어 이 경 받아 지니고서

독송하고 올바르게 기억하며
베껴 쓰면 석가세존 친견하고
경전 직접 듣는 것과 같을 거며

부처님께 공양하고 찬탄 받는

자로 직접 여래께서 그의 머리
어루만져 주실 거며 손수 옷을
덮어준다 하시오며 이런 사람
세상 욕망 탐착하지 아니하고

속세 서적 싫어하고 살생하며
여색 파는 그런 자들 멀리하고
거짓 없이 정직하고 복덕 갖춰
탐진치와 질투·아만·사만[2]이나

증상만에 휘둘리지 않을 거며
욕심 없이 만족할 줄 알아 능히
보현의 행 실천하여 머지않아
도량에서 모든 마군 물리치고

최정각을 이루고서 진리 수레

---

2) 아만(我慢)은 스스로를 높여서 잘난 체하고 남을 업신여기는 마음이며, 사만(邪慢)은 덕이 없는 사람이 덕이 있다고 생각하는 교만한 마음.

굴리옵고 진리의 북 두드리며
진리 소라 높이 불고 진리의 비
내릴 거며 하늘·인간 그 가운데

사자좌에 앉으리니 원하는 바
성취하고 살아생전 많은 복을
얻을 거라 설하시고 아울러서
법화경을 지니는 자 업신여겨

헐뜯으면 세세생생 눈의 장애
있고 치아 성글어서 흠결 있고
그의 입술 추할 거며 코는 납작
손과 발이 뒤틀리고 눈은 사시!

몸에서는 악취 나고 부스럼에
피고름이 흐를 거며 배에 물이
차서 숨을 헐떡이고 온갖 나쁜
중병들에 걸릴 거며 법화행자

그의 과오 들춰내면 사실이든

아니든지 현세 나병 얻으리니
그를 보면 일어나서 맞이하되
부처님을 공경하듯 하라실새

이를 들은 갠지스강 모래수의
보살들이 백천만억 선다라니
얻었으며 대천세계 가는 티끌
수의 보살 보현의 도 갖췄거늘

저희 이 경 듣자옵고 맨 처음의
문수보살! 마지막의 보현보살!
두 분 향해 크나큰 원 세우오니
'세세생생 보살도를 행하리다.'

부처님의 지혜 광명 환히 밝힌
삿다르마 푼다리카 수트라여!
이 마음이 하얀 연꽃! 거룩하고
거룩하다 나무실상묘법연화경!

묘법연화경 보현보살권발품 제27 마침

〈보현보살 묘법연화경 수지자 두호 가피다라니〉

아단데 단다파데 단다 아발타니 단다 쿠샤레 단다 수다리 수다리 수다라 파데 붓다파스야네 살바다라니 아발타니 살바타니 상가파릭시테 상가닐가타니 다르마 파릭시테 살바삿트바 루타카우샬야 누가테 싱하비크리 디테 아누발테 발타니 발타리 스와하 (3번)

묘법연화경 촉루품 제28

석가모니 세존께서 법좌에서
일어나셔 불가사의 신통으로
많고 많은 오른손을 내미시어
한량없는 보살들의 정수리를

만지시며 '백천만억 아승기겁
동안 닦아 익힌 정녕 얻기 힘든
최정각의 가르침을 부촉하니
마음 새겨 지니면서 독송하고

일심으로 유포하여 이 법 두루
널리 펴서 일체중생 이익되게
하라'시며 세 번이나 정수리를
만지오며 간곡하게 설하시고

그 뒤 있어 여래 지혜 믿는다면
묘법연화 설하여서 듣고 난 뒤
알게 하여 지혜 얻게 할 것이며

믿지 않고 거부하면 부처님의

또 다른 법 깊고 깊은 가르침을
보여주고 가르치고 이롭게 해
기쁘도록 할지어니 이야말로
제불 은혜 갚는 거라 설하실새

영취산의 모든 보살 이런 말씀
듣자옵고 온몸 가득 기쁨 넘쳐
공경심이 더욱 솟아 머리 숙여
두 손 모아 모두 함께 사뢰기를

'여래 칙령 듣자옵고 지극 정성
빠짐없이 받들어서 행하리니
세존께선 심려하지 마옵소서!'
이와 같이 세 번 걸쳐 아뢨나니.

대자비를 베푸시되 인색하지
아니하고 두려움도 없으시며
중생에게 부처 지혜·여래 지혜

자연 지혜 주옵시는 세존이셔!

우리 세존 중생들의 크고도 큰
시주시니 저희들도 불법 함께
배우면서 인색함을 내지 않고
베푸리니 온몸 가득 기쁨으로

덩더더쿵 덩실 춤을 추옵니다.

즈음하여 여래께서 분신제불
다보불탑 편안하게 돌아가길
청했으며 분신제불·다보여래
예를 올려 떠나셨고 상행 등의

한량없는 아승기의 보살들과
사리불 등 사부대중·천룡팔부
모두 크게 기뻐하며 묘법연화
마음 새겨 받들어서 행했나니

바야흐로 중생 향한 부처님의

고구정녕 설하옵신 일승의 길
묘법연화 대법회를 마치오니
온몸 가득 기쁨으로 꽉 찬 저희

덩더더쿵 덩실 춤을 추옵니다.

덩더더쿵 덩실 춤을 추옵니다.

부처님의 지혜 광명 환히 밝힌
삿다르마 푼다리카 수트라여!
이 마음이 하얀 연꽃! 거룩하고
거룩하다 나무실상묘법연화경!

묘법연화경 촉루품 제28 마침
묘법연화경 각 품 약찬게 마침

묘법연화경 약찬게

조계후학 각운 석봉곡 한글 번역

일승 묘법 연화경을 보장보살 간략하게
게송으로 편찬하길

넓고 넓은 사바세계 왕사성의 기사굴산
항상 계셔 열반하지 않으시는 석가모니
부처님과 시방삼세 일체 모든 부처님께
귀의하니 가지가지 인연들과 방편의 길
일승 묘법 수레바퀴 영원토록 굴리소서!

함께하신 일만이천 비구대중 그들 모두
번뇌 끊겨 자재로운 아라한 들 교진여와
마하가섭·우루빈나·가야가섭·나제가섭
사리불과 대목건련(大目犍連)·가전연과
아누루타·겁빈나와 교범바제(憍梵波提)
리바다와 필릉가바·박구라와 구치라와
난타존자·손타라와 부루나와 수보리와
아난존자·라후라 등 훌륭하신 비구들과

마하파사파제 이모 라후라의 모친이신
야수다라(耶輸陁羅) 비구니들 이천 분과

대보살들 팔만 분과 문수사리·관세음과
득대세와 상정진과 불휴식과 보장보살
약왕보살·용시보살·보월보살·월광보살
만월보살·대력보살·무량력과 월삼계와
발타바라 보살님과 미륵보살(彌勒菩薩)
보적보살·도사보살(導師菩薩) 모든 분과

석제환인·월천자와 보향천자·보광천자
사천왕과 자재천과 대자재천·사바계주
범천왕인 시기대범·광명대범·난타용왕
발난타와 사가라왕·화수길과 덕차가와
아나바달다용왕과 마나사왕·우발라 등
여덟 용왕·법긴나라·묘법긴나·대법긴나
지법긴나·악건달바·악음왕과 미건달바
미음왕 등 건달바왕·바치수라·거라건타
비마질다라수라왕·라후 등의 아수라왕
대덕가루·대신가루·대만가루·여의 등의

가루라왕 아울러서 위제희의 아들이신
아사세왕 수백천의 권속들과 함께할새

여래께서 무량의경 설하시고 무량의처
삼매 들자 하늘에선 네 가지 꽃 흩뿌리고
온 천지가 6종으로 진동할새 사부대중
천룡팔부 사람인 듯 아닌 사람·작은 나라
여러 왕과 전륜성왕 모든 대중 미증유를
얻고서는 기뻐하며 일심 합장 부처님을
바라볼 적 여래께서 미간 백호 광명 놓아
동쪽으로 일만팔천 세계 비춰 아래로는
아비지옥 맨 위로는 유정천의 중생들과
부처님과 보살들과 가지가지 수행들과
부처님의 설법 모습·열반한 뒤 탑 세우는
모든 장면 보였으니 일체 대중 의심하고
미륵보살 질문할새 문수사리 궁금증을
풀어주려 '내가 과거 이런 상서 보았나니
묘법연화 설하실 터 그대 분명 알지어다.

그 당시에 일월등명 부처님이 계셨으며

올바른 법 설하시니 처음·중간·마지막도
순수하고 잡됨 없이 청정범행 갖췄거늘
수준 맞춰 사성제와 십이인연·육바라밀
설하셔서 최정각의 지혜 얻게 하셨나니
이와 같이 같은 명호 2만 분 중 마지막의
일월등명 부처님의 여덟 왕자 모두 법사
되었나니 그 당시도 여섯 상서 전부 이와
같았거늘 묘광보살·구명존자 어찌 다른
사람이랴? 바로 문수·미륵이라' 답하셨네.

덕장·견만·대요설과 지적·상행·무변행과
정행보살·안립행과 상불경과 수왕화와
일체중생희견보살·묘음보살·상행의와
묘장엄왕·화덕보살·무진의와 지지보살
빛줄기로 장엄하신 약왕보살(藥王菩薩)
약상보살(藥上菩薩)·보현보살 이런 분들
시방삼세 부처님을 항상 함께 따르옵고

일월등명·연등불과 대통지승 부처님과
아촉불과 수미정불·사자음불·사자상불

허공주불·상멸불과 제상불과 범상불과
아미타불·도고뇌불·다마라불·수미상불
운자재불·자재왕불·괴포외불·다보불과
위음왕불·일월등명·운자재등·정명덕불
정화수왕지여래와 운뇌음왕 부처님과
운뇌음수왕화지불·보위덕상왕여래 등
이와 같은 제불들과 모든 보살 과거·현재
미래 세상 묘법연화(妙法蓮華) 설하옵고

이 법회의 시방세계(十方世界) 모인 대중
석가모니 부처님을 항상 함께 따르옵고
운집 대중 법회 중에 서로 좇아 함께하고
수보리는 점점 닦고 용녀 단박 깨쳤으나
똑같은 비 나무·약초 차별 없이 적신다네.

서품·방편·비유품과 신해·약초·수기품과
화성유품(化城喩品)·오백제자수기품과
수학무학인기품과 법사품과 견보탑품
제바달다·권지품과 안락행품·종지용출
여래수량·분별공덕·수희공덕·법사공덕

상불경품·여래신력·약왕보살본사품과
묘음보살·관음보살보문품과 다라니품
묘장엄왕본사품과 보현보살권발품과
촉루품의 이십팔 품(二十八品) 원만하신
가르침은 바로 일승 묘법연화 법문으로
각 품(各品)마다 게송(偈頌)들도 고루 갖춰

독송·수지·신해하는 모든 이들 부처님의
말씀으로 태어나고 여래의 옷 덮어주며
보현보살 친히 오셔 수호하고 마귀들의
괴롭힘도 말끔하게 없애줄새 세상일에
탐착 없이 마음과 뜻 정직하고 올바르게
기억하며 복덕의 힘 있으리니 행여 한 줄
한 게송을 잊었어도 막힘없이 통하도록
하오리니 머지않아 도량 중에 나아가서
대보리를 얻고서는 진리 수레 굴리실 터
이런 이들 보거들랑 여래처럼 공경하리.

묘법연화 거룩한 경! 영산회상 불보살님!
온 마음을 기울여서 귀의하며 절합니다.

일승묘법 연화경을 보장보살 간략하게
편찬하신 노래로다. 나무실상묘법연화경!

묘법연화경 약찬게
妙法蓮華經 略纂偈

일승묘법연화경	보장보살약찬게	나무사바세계해
一乘妙法蓮華經	寶藏菩薩略纂偈	南無娑婆世界海
왕사성중기사굴	상주불멸석가존	시방삼세일체불
王舍城中耆闍窟	常住不滅釋迦尊	十方三世一切佛
종종인연방편도	항전일승묘법륜	여비구중만이천
種種因緣方便道	恒轉一乘妙法輪	與比丘衆萬二千
누진자재아라한	아야교진대가섭	우루빈나급가야
漏盡自在阿羅漢	阿若憍陳大迦葉	優樓頻螺及伽耶
나제가섭사리불	대목건련가전연	아누루타겁빈나
那提迦葉舍利弗	大目健連迦旃延	阿㝹樓馱劫賓那
교범바제리바다	필릉가바박구라	마하구치라난타
憍梵波提離婆多	畢陵伽婆薄拘羅	摩訶拘絺羅難陀
손타라여부루나	수보리자여아난	라후라등대비구
孫陀羅與富樓那	須菩提者與阿難	羅睺羅等大比丘
마하파사파제급	라후라모야수다	비구니등이천인
摩訶婆闍婆提及	羅睺羅母耶輸陀	比丘尼等二千人

마하살중팔만인	문수사리관세음	득대세여상정진
摩訶薩衆八萬人	文殊師利觀世音	得大勢與常精進
불휴식급보장사	약왕용시급보월	월광만월대력인
不休息及寶掌士	藥王勇施及寶月	月光滿月大力人
무량력여월삼계	발타바라미륵존	보적도사제보살
無量力與越三界	跋陁婆羅彌勒尊	寶積導師諸菩薩
석제환인월천자	보향보광사천왕	자재천자대자재
釋提桓因月天子	普香寶光四天王	自在天子大自在
사바계주범천왕	시기대범광명범	난타용왕발난타
娑婆界主梵天王	尸棄大梵光明梵	難陁龍王跋難陁
사가라왕화수길	덕차아나바달다	마나사용우발라
娑伽羅王和修吉	德叉阿那婆達多	摩那斯龍優鉢羅
법긴나라묘법왕	대법긴나지법왕	악건달바악음왕
法緊那羅妙法王	大法緊那持法王	樂乾闥婆樂音王
미건달바미음왕	바치거라건타왕	비마질다라수라
美乾闥婆美音王	婆稚佉羅騫駄王	毘摩質多羅修羅
라후아수라왕등	대덕가루대신왕	대만가루여의왕
羅睺阿修羅王等	大德迦樓大身王	大滿迦樓如意王
위제희자아사세	각여약간백천인	불위설경무량의
韋提希子阿闍世	各與若干百千人	佛爲說經無量義

무량의처삼매중	천우사화지육진	사중팔부인비인
無量義處三昧中	天雨四花地六震	四衆八部人非人
급제소왕전륜왕	제대중득미증유	환희합장심관불
及諸小王轉輪王	諸大衆得未曾有	歡喜合掌心觀佛
불방미간백호광	광조동방만팔천	하지아비상유정
佛放眉間白毫光	光照東方萬八千	下至阿鼻上有頂[1]
중생제불급보살	종종수행불설법	열반기탑차실견
衆生諸佛及菩薩	種種修行佛說法	涅槃起塔此悉見
대중의념미륵문	문수사리위결의	아어과거견차서
大衆疑念彌勒問	文殊師利爲決疑	我於過去見此瑞
즉설묘법여당지	시유일월등명불	위설정법초중후
卽說妙法汝當知	時有日月燈明佛	爲說正法初中後
순일무잡범행상	설응제연육도법	영득아뇩보리지
純一無雜梵行相	說應諦緣六度法	令得阿耨菩提智
여시이만개동명	최후팔자위법사	시시육서개여시
如是二萬皆同名	最後八子爲法師	是時六瑞皆如是
묘광보살구명존	문수미륵기이인	덕장견만대요설
妙光菩薩求名尊	文殊彌勒豈異人	德藏堅滿大樂說

묘법연화경 약찬게

203

---

1) 기존의 약찬게에는 阿迦(아가)로 되어 있으나, 아가니타천은 유정천(有頂天)을 뜻하기에 유정으로 고침.

지적상행무변행	정행보살안립행	상불경사수왕화
智積上行無邊行	淨行菩薩安立行	常不經士宿王華
일체중생희견인	묘음보살상행의	장엄왕급화덕사
一切眾生喜見人	妙音菩薩上行意	莊嚴王及華德士
무진의여지지인	광조장엄약왕존	약상보살보현존
無盡意與持地人	光照莊嚴藥王尊	藥上菩薩普賢尊
상수삼세시방불	일월등명연등불	대통지승여래불
常隨三世十方佛	日月燈明燃燈佛	大通智勝如來佛
아촉불급수미정	사자음불사자상	허공주불상멸불
阿閦佛及須彌頂	師子音佛師子相	虛空住佛常滅佛
제상불여범상불	아미타불도고뇌	다마라불수미상
帝相佛與梵相佛	阿彌陀佛度苦惱	多摩羅佛須彌相
운자재불자재왕	괴포외불다보불	위음왕불일월등
雲自在佛自在王	壞怖畏佛多寶佛	威音王佛日月燈
운자재등정명덕	정화수왕운뢰음	운뢰음수왕화지
雲自在燈淨明德	淨華宿王雲雷音	雲雷音宿王華智
보위덕상왕여래	여시제불제보살	이금당래설묘법
寶威德上王如來	如是諸佛諸菩薩	已今當來說妙法
어차법회여시방	상수석가모니불	운집상종법회중
於此法會與十方	常隨釋迦牟尼佛	雲集相從法會中

점돈신자용녀등	일우등주제수초	서품방편비유품
漸頓身子龍女等	一雨等澍諸樹草	序品方便譬喩品
신해약초수기품	화성유품오백제	수학무학인기품
信解藥草授記品	化城喩品五百第	授學無學人記品
법사품여견보탑	제바달다권지품	안락행품종지용
法師品與見寶塔	提婆達多勸持品[2]	安樂行品從地涌
여래수량분별공	수희공덕법사공	상불경품신력품
如來壽量分別功	隨喜功德法師功	常不輕品神力品
약왕보살본사품	묘음관음보문품	다라니품묘장엄
藥王菩薩本事品[3]	妙音觀音普門品	陀羅尼品妙莊嚴
보현권발촉루품	이십팔품원만교	시위일승묘법문
普賢勸發囑累品[4]	二十八品圓滿敎	是爲一乘妙法門
지품별게개구족	독송수지신해인	종불구생불의부
支品別偈皆具足	讀誦受持信解人	從佛口生佛衣覆
보현보살내수호	마귀제뇌개소제	불탐세간심의직
普賢菩薩來守護	魔鬼諸惱皆消除	不貪世間心意直

묘법연화경 약찬게

2) 원본에는 '여지품(與持品)'이지만 '권지품(勸持品)'으로 바꿈.
3) 원본에는 '촉루약왕본사품(囑累藥王本事品)'으로 되어 있으나, 본인 번역 법화경에는 촉루품을 맨 뒤로 하였기에 임의로 고침.
4) 원본에는 '보현보살권발품(普賢菩薩勸發品)'

유정억념유복덕	망실구게령통리	불구당예도량중
有正憶念有福德	忘失句偈令通利	不久當詣道場中
득대보리전법륜	시고견자여경불	나무묘법연화경
得大菩提轉法輪	是故見者如敬佛	南無妙法蓮華經
영산회상불보살	일승묘법연화경	보장보살약찬게
靈山會上佛菩薩	一乘妙法蓮華經	寶掌菩薩略纂偈

법화삼매 참회법
法華三昧 懺悔法

이 부분은 천태지자대사의 '법화삼매참의'와
고려 산긍대사의 '묘법연화경삼매참법'을
적절히 편집하였음.

◎ 법화삼매 참회법을 닦아 얻는 공덕

    여래께서·열반하신 뒤에 후오백세 오탁악세의 비구·비구니·우바새·우바이로서,

- 대승의 경전을 독송하는 자.
- 대승의 행을 닦고자 하는 자.
- 대승에 뜻을 일으킨 자.
- 보현보살의 색신(色身)을 뵙고자 하는 자.
- 석가모니불·다보불탑·분신제불·시방세계의 부처님들을 뵙고자 하는 자.
- 육근의 청정을 얻어 부처님의 경계에 들어가 통달하여 걸림이 없고자 하는 자.
- 시방세계 모든 부처님들의 말씀을 듣고서 일념 가운데 다 능히 받아 지녀 통달하여 잊어버리지 않고, 해석하고 연설함에 장애가 없고자 하는 자.
- 문수보살·보현보살 등 모든 위대한 보살들과 함께 하고자 하는 자.
- 일념 가운데 두루 색신(色身)을 나타내되 멸진정에서 일어나지 않고 시방세계 일체 부처님의 국토에 이르러 그분들께 공양하고자 하는 자.

- 일념 가운데 시방세계 모든 불국토에 두루 도달하여 가지 가지 색신을 나타내고 가지가지 신통변화를 짓고 크나큰 광명을 놓으면서, 법을 설하여 일체중생을 제도·해탈시켜 부사의(不思議)한 일승에 들어가고자 하는 자.
- 네 가지 마(魔)를 쳐부수고, 일체 번뇌를 맑혀서 도를 장애하는 모든 죄업을 멸하여 현재의 몸으로 보살의 바른 지위에 들어가 일체 모든 부처님의 자재한 공덕을 갖추고자 하는 자.

    이와 같은 자들은 마땅히 먼저 한적한 곳에서 삼칠일 동안 일심으로 정진하여 법화삼매에 들도록 해야 한다.
    만약에 현재의 몸으로 오역죄와 네 가지 중대함(四重)[1)]을 범하여 비구의 법을 상실한 자로서 청정을 얻고 사문으로서의 위의를 다시 갖추고서 위와 같은 가지가지 수승하고도 오묘한 공덕을 얻고자 하는 자 역시 마땅히 삼칠일 동안 일심으로 정진하여 법화삼매를 닦아야 한다.

---

1)   사중(四重) : 네 가지 무거운 죄. 곧, 음란과 도둑질 그리고 살생과 거짓말.

어인 까닭인고? 이 법화경은 제불여래의 비밀스러운 법장이어서 모든 경 가운데 으뜸으로 장애와 난관 없이 쭉뻗은 큰길로 가도록 하기 때문이다. 마치 전륜성왕이 상투 속의 밝은 구슬을 허망하게 아무에게나 주지 않지만, 그것을 얻은 자는 바라는 대로 가지가지 진귀한 보물을 빠짐없이 다 갖출 수 있는 것과 같다.

이런 까닭에 보살도를 행하는 자는 마땅히 신명을 돌보지 아니하고 미래세가 다하도록 이 경을 수행해야 하거늘 하물며 삼칠일 정도랴!

* 참고로 이 법화삼매 참의를 수행할 적에는 6재일을 지키면서 여섯 때(六時)에 행하라 하는데, 6재일은 매월 음력으로 8일, 14일, 15일, 23일, 29일, 30일로 이날은 사천왕이 천하를 순행하면서 사람의 선악을 살피는 날이며, 6시는 자시(子時 23시-01시), 인시(寅時 03시-05시), 사시(巳時 09시-11시), 오시(午時 11시-13시), 유시(酉時 17시-19시), 해시(亥時 21시-23시)를 말함.

* 이 부분을 행하는 순서

1. 앞의 각 품의 게송을 처음부터 차례대로 허락하는 시간만큼 독송한다.
2. 여유가 있으면 194쪽에 있는 '묘법연화경 약찬게'를 독송한다. (이 부분은 하지 않아도 무방함.)
3. 다음으로 '법화삼매 참회법'의 1.삼업공양부터 7.육근참회와 권청~행도 부분까지 행함.
4. 여기까지가 1회 참회이며, 다음 회는 앞 번 독송했던 게송 다음부터 독송하되 2, 3번은 동일함.

법화삼매 참회법

1. 삼업공양(三業供養)

(•가 있는 곳은 모두 큰절을 올림)

(정갈하게 새 옷을 입고 꽃과 향 등 공양물을 올린 뒤에)

• 시방세계 항상 머무시는 부처님께 일심으로 머리 조아려 절하옵니다. (큰절)

• 시방세계 항상 머무시는 가르침에 일심으로 머리 조아려 절하옵니다. (큰절)

• 시방세계 항상 머무시는 승가에 일심으로 머리 조아려 절하옵니다. (큰절)

2. 봉헌향화(奉獻香華) (호궤 또는 무릎을 꿇고서)

• 원하건대 이 향과 꽃 구름같이
  시방 법계(十方法界) 두루 덮어
  많고 많은 부처님과 존귀하신
  가르침과 보살들과 연각·성문
  대중(大衆)들께 공양(供養)할새

  무변 세계 끝이 없는 불국토에
  밝고 환한 빛의 누대 우뚝 솟아
  불사 짓게 하옵시고 일체중생

널리 가피 입고서는 그 모두가
보리심이 일어나게 하옵소서! (큰절)

- 몸 빛 마치 황금산과 같사오며 단엄하기 무척이나
미묘하여 맑고 맑은 유리병 안 황금의 상 뚜렷하듯
더할 나위 없으시고 복덕·지혜 구족 하신 세존께서
원하건대 제일의 법(第一法) 설하셔서 이들 모두
가르침을 듣는다면 바로 크게 기쁜 마음 낼 것이며

꽃과 향과 깃발·일산 공경스레 공양하고
남을 시켜 악기 타되 북을 치고 소라 불며
피리·퉁소·거문고와 공후·비파·징과 바라
이런 온갖 묘한 음악 고운 선율 공양하며
불상 앞에 절하거나 합장 한번 한다거나

한 손만을 든다거나 머리 한번 약간 숙인
이와 같은 공양에도 차츰차츰 한량없는
부처님들 뵙게 되어 스스로가 무상도를
이루고서 많고 많은 중생 널리 제도하고
이 법문을 들은 자는 빠짐없이 성불하리. (큰절)

3. 삼보를 청함(奉請三寶)
(이하 모든 분들이 도량에 오시길 간절히 바라면서)

- 영산회상 교주이신 저희 본사 석가여래 일심으로 예를 다해 청하옵니다.
- 참되고도 깨끗하며 위대하신 법계 충만 묘법연화경을 일심으로 예를 다해 청하옵니다.
- 묘법연화 증명하고 들으신 과거 다보여래 일심으로 예를 다해 청하옵니다.
- 법회에 영향 주신 시방세계 분신제불 일심으로 예를 다해 청하옵니다.
- 극락세계 구품도사 아미타불 일심으로 예를 다해 청하옵니다.
- 허공계가 다하도록 시방세계 상주하는 삼보님을 일심으로 예를 다해 청하옵니다.
- 부처님을 도와서 교화 드날리신 문수사리 등 모든 보살마하살 일심으로 예를 다해 청하옵니다.
- 질문드려 드날리신 미륵보살 등 모든 보살마하살 일심으로 예를 다해 청하옵니다.
- 명을 받아 경을 유통하신 약왕보살 등 2만의 모든 보살마하살 일심으로 예를 다해 청하옵니다.

- 서원 세워 경을 유통하신 80만 억 나유타의 모든 보살마하살 일심으로 예를 다해 청하옵니다.
- 땅속에서 솟아 나온 상행보살 등 끝이 없는 모든 보살마하살 일심으로 예를 다해 청하옵니다.
- 바다에서 솟아 나온 용녀 등 설할 수 없이 많은 모든 보살마하살 일심으로 예를 다해 청하옵니다.
- 두루 몸을 나퉈 묘법연화 홍보하신 묘음보살 등 모든 보살마하살 일심으로 예를 다해 청하옵니다.
- 넓은 문으로 나퉈 어루만져 고통 뽑는 관세음 등 모든 보살마하살 일심으로 예를 다해 청하옵니다.
- 부처님께 기별 받은 사리불 등 모든 훌륭하신 성문보살마하살 일심으로 예를 다해 청하옵니다.
- 불법을 칙령 받은 범왕·제석·천룡팔부 등 모든 대권보살마하살[2] 일심으로 예를 다해 청하옵니다.
- 오탁악세 힘을 다해 유통하신 보현보살마하살 일심으로 예를 다해 청하옵니다.

---

2) 대권보살마하살(大權菩薩摩訶薩) : 대권은 큰 방편이란 뜻으로 이 참법에서는 방편으로 오신 분으로 보고서 '대권보살마하살'이라 칭함.

4. 발원·축원(發願·祝願)

(호궤 또는 무릎을 꿇고서)

• 원하옵건대 모든 성중께서 전부 증명하옵시고, 제가 이제 시방 일체 여섯 갈래 중생들을 위하여서 대승의 위없는 깨달음을 수행하여 도를 장애하는 일체 모든 무거운 죄를 부수고자 하옵나니, 원하옵건대 법화삼매와 널리 색신 나타냄(普現色身)을 얻어서 일념 중에 모든 시방세계 삼보님께 공양하고, 일념 중에 일체 시방세계 여섯 갈래 모든 중생들을 두루 제도하여 일승의 평등한 대지혜에 들어가도록, 삼칠일을(각자 정한 기일) 일심으로 정진하면서 경에 설하신 바와 같이 수행토록 하옵소서! (큰절)

• 원하옵건대 일체 모든 불보살과 보현보살의 본원력으로 저의 참회를 받아주셔, 경에서 설하신 바와 같이 저의 행한 바의 모든 죄업의 장애가 결정적으로 부서지고, 법문이 앞에 나타나도록 하옵소서! (큰절)

5. 대자대비송(大慈大悲頌)

- 대자대비(大慈大悲)[3]로 중생들을 애민하사
  대희대사(大喜大捨)로 뭇 생명을 건지옵고
  삼십이상 팔십종호 광명으로 스스로를
  장엄하신 부처님께 저희들이 지극정성
  온 마음을 기울여서 귀의하며 절하옵니다. (큰절)

6. 예경삼보(禮敬三寶)

- 일심경례 본사석가모니불
  一心敬禮 本師釋迦牟尼佛
- 일심경례 과거다보불
  一心敬禮 過去多寶佛
- 일심경례 시방분신석가모니불
  一心敬禮 十方分身釋迦牟尼佛
- 일심경례 동방선덕불 진동방법계일체제불
  一心敬禮 東方善德佛 盡東方法界一切諸佛
- 일심경례 동남방무우덕불 진동남방법계일체제불
  一心敬禮 東南方無憂德佛 盡東南方法界一切諸佛

---

3) 대자대비, 대희대사 : 자·비·희·사의 4무량심.

- 일심경례 남방전단덕불 진남방법계일체제불
  一心敬禮 南方栴檀德佛 盡南方法界一切諸佛
- 일심경례 서남방보시불 진서남방법계일체제불
  一心敬禮 西南方寶施佛 盡西南方法界一切諸佛
- 일심경례 서방무량명불 진서방법계일체제불
  一心敬禮 西方無量明佛 盡西方法界一切諸佛
- 일심경례 서북방화덕불 진서북방법계일체제불
  一心敬禮 西北方華德佛 盡西北方法界一切諸佛
- 일심경례 북방상덕불 진북방법계일체제불
  一心敬禮 北方相德佛 盡北方法界一切諸佛
- 일심경례 동북방삼승행불 진동북방법계일체제불
  一心敬禮 東北方三乘行佛 盡東北方法界一切諸佛
- 일심경례 상방광중덕불 진상방법계일체제불
  一心敬禮 上方廣眾德佛 盡上方法界一切諸佛
- 일심경례 하방명덕불 진하방법계일체제불
  一心敬禮 下方明德佛 盡下方法界一切諸佛
- 일심경례 왕고래금 삼세제불 칠불세존 현겁천불
  一心敬禮 往古來今 三世諸佛 七佛世尊 現劫千佛
- 일심경례 법화경중 과거이만억일월등명불 대통지
  一心敬禮 法華經中 過去二萬億日月燈明佛 大通智

승불 십육왕자불등 일체과거제불

勝佛 十六王子佛等 一切過去諸佛

- 일심경례 법화경중 현재정화수왕지불 보위덕상왕

　一心敬禮 法華經中 現在淨華宿王智佛 寶威德上王

불등 일체현재제불

佛等 一切現在諸佛

- 일심경례 법화경중 미래화광불 구족천만광상불등

　一心敬禮 法華經中 未來華光佛 具足千萬光相佛等

일체미래제불

一切未來諸佛

- 일심경례 시방세계 사리존상 지제묘탑 다보여래

　一心敬禮 十方世界 舍利尊像 支提妙塔 多寶如來

전신보탑

全身寶塔

- 일심경례 대승묘법연화경 시방일체존경 십이부진

　一心敬禮 大乘妙法蓮華經 十方一切尊經 十二部眞

정법보

淨法寶

- 일심경례 문수사리보살 미륵보살마하살

　一心敬禮 文殊師利菩薩 彌勒菩薩摩訶薩

- 일심경례 약왕보살 약상보살마하살
  - 一心敬禮 藥王菩薩 藥上菩薩摩訶薩
- 일심경례 관세음보살 무진의보살마하살
  - 一心敬禮 觀世音菩薩 無盡意菩薩摩訶薩
- 일심경례 묘음보살 화덕보살마하살
  - 一心敬禮 妙音菩薩 華德菩薩摩訶薩
- 일심경례 상정진보살 득대세보살마하살
  - 一心敬禮 常精進菩薩 得大勢菩薩摩訶薩
- 일심경례 대요설보살 지적보살마하살
  - 一心敬禮 大樂說菩薩 智積菩薩摩訶薩
- 일심경례 수왕화보살 지지보살 용시보살마하살
  - 一心敬禮 宿王華菩薩 持地菩薩 勇施菩薩摩訶薩
- 일심경례 법화경중 하방상행등 무변아승기보살 마하살
  - 一心敬禮 法華經中 下方上行等 無邊阿僧祇菩薩 摩訶薩
- 일심경례 법화경중 사리불등 일체제대성문중
  - 一心敬禮 法華經中 舍利弗等 一切諸大聲聞衆
- 일심경례 시방일체제존대권보살 급성문연각 득도
  - 一心敬禮 十方一切諸尊大權菩薩 及聲聞緣覺 得道

현성승

賢聖僧

- 일심경례 보현보살마하살 (큰절)

  一心敬禮 普賢菩薩摩訶薩

- 일심경례 보현보살마하살 (큰절)

  一心敬禮 普賢菩薩摩訶薩

- 일심경례 보현보살마하살 (큰절)

  一心敬禮 普賢菩薩摩訶薩

7. 육근참회와 권청·수희·회향·발원·행도 (六根懺悔 及勸請·隨喜·廻向·發願·行道)

1) 육근참회(六根懺悔)

① 안근참회(眼根懺悔)

지극한 마음으로 참회하옵니다. (반배)

비구○○는 (불자○○는) 일체 법계 중생들과 더불어 한량없는 세월을 눈의 인연으로 밖의 온갖 대상을 탐하여 집착하였으며, 밖의 대상에 집착한 까닭에 모든 티끌을 탐하여 애착하였나니,

티끌을 애착하였기에 이러한 몸을 받아 세세생생 나는 곳마다 밖의 온갖 대상에 미혹되고 집착하였나이다.

대상이 저의 눈을 무너뜨려 은혜와 사랑의 노예가 되어 대상에 끌려다녔기에 삼계(三界)를 헤맸나니, 이러한 가림 때문에 눈이 멀어 아무것도 보지 못하였사옵니다.

눈이 착하지 못하여 허다히도 제가 상처 입었거니와, 시방세계 모든 부처님께서는 항상 계시어 멸하지 않으시거늘, 저의 눈이 탁하고 악하여 보지 못하옵나이다.

이제 일승인 묘법연화경을 독송하옵고 보현보살과 모든 부처님을 향하여 향 사르고 꽃 뿌리며 (꽃을 바치며) 귀의하옵니다. (반배)

눈의 허물과 죄업을 감히 덮어 감추지 아니하고 사뢰옵나니, 원하옵건대 모든 불보살님의 지혜로운 눈과 법의 물로써 말끔히 씻어 주옵시고, 이러한 인연으로 저는 물론 일체중생의 눈에 속아 지은 모든 무거운 죄가 결국에는 청정케 하옵소서! (큰절)

제가 이제 세세생생토록 눈에 속아 지은 모든 죄업

을 참회드리오니 부처님이시여, 자비로써 거두어 주옵소서!⁴⁾ (큰절)

　제가 이제 세세생생토록 눈에 속아 지은 모든 죄업을 참회드리오니 부처님이시여, 자비로써 거두어 주옵소서! (큰절)

② 이근참회(耳根懺悔)

　지극한 마음으로 참회하옵니다. (반배)

　비구○○는 (불자○○는) 일체 법계의 중생들과 더불어 많은 겁 동안 귀의 인연으로 밖의 소리에 끌려다녀, 좋은 소리를 들을 적에는 마음이 혹하여 집착을 내었으며, 나쁜 소리를 들을 적에는 백팔 번뇌가 일어나 헤침을 당했나이다.

　이런 나쁜 귀의 과보(果報)로 악한 일을 얻었으며, 항상 악한 소리를 듣고서는 온갖 망상으로 뒤바뀌어 들은 까닭에 삼악도나 변두리에 태어나서, 삿된 견해로 정법을 듣지 못하고 곳곳마다 미혹으로 집착하기를 잠시도 멈춘 적이 없었사옵니다.

　마침내 이런 귀로 듣는 소리 저의 정신을 괴롭히고

---

4) 이 부분과 다음은 본인이 임의로 삽입함. 비근참회부터 의근참회까지도 마찬가지임.

삼악도에 떨어지게 했거니와, 시방세계 제불께서는 항상 계시면서 설법하시거늘, 저는 탁하고 악한 귀의 장애 때문에 듣지를 못하나이다.

이제야 비로소 통렬히 깨닫고서 공덕(功德)의 바다인 묘법연화경을 독송하옵고 지니면서 보현보살과 모든 부처님을 향하여 향 사르고 꽃 뿌리며 (꽃을 바치며) 귀의하옵니다. (반배)

귀의 허물과 죄업을 감히 덮어 감추지 아니하고 사뢰옵나니, 이러한 인연으로 저는 물론 법계 중생의 귀에 속아 지은 모든 무거운 죄가 결국에는 청정케 하옵소서! (큰절)

제가 이제 세세생생토록 귀에 속아 지은 모든 죄업을 참회드리오니 부처님이시여, 자비로써 거두어 주옵소서! (큰절)

제가 이제 세세생생토록 귀에 속아 지은 모든 죄업을 참회드리오니 부처님이시여, 자비로써 거두어 주옵소서! (큰절)

③ **비근참회(鼻根懺悔)**

지극한 마음으로 참회하옵니다. (반배)

비구○○는 (불자 ○○는) 일체 법계의 중생들과 더불어 헤아릴 수 없는 겁 동안 코가 온갖 향기를 대면하여 맡고서는, 남녀의 몸에서 나는 향기와 좋은 음식의 향기와 가지가지 향기에 미혹되어 홀려서는, 몸과 마음이 부림을 당해 모든 번뇌의 적들이 요동쳐서 넘어뜨리니 모두가 한량없는 죄업을 일으켰나이다.

　　향기를 탐낸 까닭에 분별 망상으로 곳곳에서 탐하고 집착하여 생사에 떨어져 온갖 고통의 과보를 받았거니와, 시방세계 모든 부처님 공덕의 묘한 향기가 법계에 충만하거늘, 저의 탁하고 악한 코의 장애 때문에 맡지를 못하나이다.

　　이제 대승의 청정하고도 묘한 경전인 묘법연화경을 독송하옵고 보현보살과 모든 부처님을 향하여 향 사르고 꽃 뿌리며 (꽃을 바치며) 귀의하옵니다. (반배)

　　코의 허물과 죄업을 감히 덮어 감추지 아니하고 사뢰옵나니, 이러한 인연으로 저는 물론 일체중생의 코에 속아 지은 모든 무거운 죄가 결국에는 청정케 하옵소서! (큰절)

　　제가 이제 세세생생토록 코에 속아 지은 모든 죄업을 참회드리오니 부처님이시여, 자비로써 거두어 주

옵소서! (큰절)

　제가 이제 세세생생토록 코에 속아 지은 모든 죄업을 참회드리오니 부처님이시여, 자비로써 거두어 주옵소서! (큰절)

④ 설근참회(舌根懺悔)

　지극한 마음으로 참회하옵니다. (반배)

　비구○○는 (불자 ○○는) 일체 법계의 중생들과 더불어 많고 많은 겁 동안 혀로 지은 착하지 못한 악업으로 온갖 좋은 맛을 탐하여 중생에게 손해를 끼쳤으며, 계율을 깨트리고 방일(放逸)한 문을 열었으니 헤아릴 수 없는 죄업이 혀에서 생겼나이다.

　또한 혀로써 입의 허물과 죄가 일어났으니, 거짓말과 꾸미는 말·욕지거리·이간질과 삼보를 비방하고 삿된 견해를 찬탄하고 무익한 말을 했으며, 뒤엉켜 싸우고 혼란을 부추기며 법(法)을 법이 아니라고 말하였나니, 모든 악업의 가시가 혀에서 돋았나이다.

　정법의 수레가 끊어지게 한 것도 혀로부터 일어났거니와, 이와 같이 악한 혀는 공덕의 종자를 없애고, 옳지 않은데도 이러쿵저러쿵 억지를 부려서 삿된 견해를 찬탄함이 마치 불난 집에 기름을 붓는 것과 같았으니, 혀의 죄와 허물이 한량없고 끝이 없사옵니다.

　이러한 인연으로 마땅히 악도(惡道)에 떨어져서 백천 겁을 길이 나올 기약이 없거니와, 모든 불법의 맛은 법계에 넘쳐 풍기건만, 혀의 죄 때문에 능히 분별하여 맛볼 수가 없나이다.

　이제 대승인 제불의 비밀스러운 경전인 묘법연화경을 독송하옵고 보현보살과 모든 부처님을 향하여 향 사르고 꽃 뿌리며 (꽃을 바치며) 귀의하옵니다.

(반배)

　혀의 허물과 죄업을 감히 덮어 감추지 아니하고 사뢰옵나니, 이러한 인연으로 저는 물론 법계 중생의 입으로 지은 모든 무거운 죄가 결국에는 청정케 하옵소서! (큰절)

　제가 이제 세세생생토록 입으로 지은 거짓말과 꾸미는 말·욕지거리·이간질의 모든 죄업을 참회드리오니 부처님이시여, 자비로써 거두어 주옵소서! (큰절)

　제가 이제 세세생생토록 입으로 지은 거짓말과 꾸미는 말·욕지거리·이간질의 모든 죄업을 참회드리오니 부처님이시여, 자비로써 거두어 주옵소서! (큰절)

⑤ 신근참회(身根懺悔)

지극한 마음으로 참회하옵니다. (반배)

비구○○는 (불자 ○○는) 일체 법계의 중생들과 더불어 구원겁 동안 몸으로 착하지 못한 온갖 촉감을 탐하여 집착하였으니, 이른바 남녀 몸의 보들보들하며 곱고 매끄러운 이러한 가지가지 온갖 촉감에 뒤바뀌어 밝게 알지 못하였기에, 번뇌가 불길처럼 타올라서 몸으로 업을 지어 세 가지 착하지 못함을 일으켰으니 살생과 도둑질과 음란한 행위였나이다.

모든 중생과는 큰 원한을 맺고, 오역죄를 지어 계율을 파하고 탑과 절을 불 질렀으며, 삼보의 물건을 함부로 쓰면서도 수치심이 없었나니, 이와 같은 죄들이 한량없고 끝없어서 몸으로 지은 죄업을 가히 다 사뢸 수 없사옵니다.

찌든 죄업의 인연으로 미래 세상에는 마땅히 지옥에 떨어져서 헤아릴 수 없는 겁 동안 치솟는 맹렬한 불길 속에 제 몸을 태우는 큰 고뇌를 받으리니.

시방세계 모든 부처님께서는 항상 청정한 광명을 놓으사 저희를 비추시거늘, 몸으로 지은 죄업이 무겁고도 무거워서 깨닫지 못하고, 오직 거칠고 저속한

나쁜 촉감만을 탐하여 집착할 줄만 알아 현생에 갖은 고통을 받고 다음 생에도 지옥·아귀·축생 등의 고통을 받을 것이옵니다.

　이와 같은 가지가지 온갖 고통이 촉감 가운데 있건마는 깨닫지도 알지도 못하다가 오늘에야 깊이 뉘우치고 참회하옵나니, 대승의 참된 경전인 묘법연화경을 독송하옵고 보현보살과 모든 부처님을 향하여 향 사르고 꽃 뿌리며 (꽃을 바치며) 귀의하옵니다.

(반배)

　몸의 허물과 죄업을 감히 덮어 감추지 아니하고 사뢰옵나니, 이러한 인연으로 저는 물론 법계 중생의 몸으로 지은 모든 무거운 죄가 결국에는 청정케 하옵소서! (큰절)

　제가 이제 세세생생토록 몸으로 지은 살생과 도둑질과 음란한 행의 모든 죄업을 참회드리오니 부처님이시여, 자비로써 거두어 주옵소서! (큰절)

　제가 이제 세세생생토록 몸으로 지은 살생과 도둑질과 음란한 행의 모든 죄업을 참회드리오니 부처님이시여, 자비로써 거두어 주옵소서! (큰절)

⑥ 의근참회(意根懺悔)

지극한 마음으로 참회하옵니다. (반배)

비구○○는 (불자○○는) 일체 법계의 중생들과 더불어 아주 먼 과거로부터 의근(意根)으로 착하지 못한 온갖 대상을 탐내고 집착하여 미친 듯이 어리석게도 깨닫지를 못하고, 인연의 경계에 끌려다녀 탐진치를 일으켰나이다.

이와 같이 삿된 생각으로 일체 잡스러운 업(業)을 지었으니, 이른바 십악(十惡)과 오역죄(五逆罪)로 마치 원숭이 같고 끈끈한 아교같이 곳곳마다 탐내고 집착하여 일체의 희로애락과 사랑과 증오에 두루 이르게 되었나이다.

이 육근(六根)으로 지은 업의 가지와 꽃과 잎이 삼계(三界) 이십오유(二十五有)[5]에 모두 가득 찼사오며, 또한 무명(無明)으로부터 노사(老死)까지 십이인연의 괴로운 일이 그치지를 아니하여 여덟 가지 삿됨[6]과 여덟 가지 어려운 곳에 태어남을 겪지 않음이 없었사오니, 한량없고 끝없는 악(惡)과 착하지 못한 과

---

5) 이십오유(二十五有) : 윤회(輪廻)의 생사계(生死界)를 스물다섯으로 나눈 것으로, 욕계(欲界)의 14유(十四有), 색계(色界)의 7유(七有), 무색계의 4유(四有)를 말함.

6) 팔사(八邪) : 팔정도의 반대.

보가 의근(意根)으로부터 생겼나이다.

이와 같은 의근은 바로 일체 생사의 근본이고 갖은 괴로움의 근원인 것은 경 가운데 설하신 바와 같사옵니다.

부처님께서 "석가모니는 비로자나(毘盧遮那)[7]로 곧, 변일체처(遍一切處)라 부르나니 모든 곳에 두루 한다는 뜻이로다. 분명히 알지니, 일체 모든 법이 다 불법이니라."고 설하시거늘,

망상분별로 온갖 들끓는 번뇌를 받으니 이것은 바로 보리(菩提) 가운데 청정치 못함을 보는 것이며, 해탈 속에서 속박을 일으킴이었나이다.

이제야 비로소 깨닫고 크게 뉘우치고 참회하면서 몹시도 무섭게 여기옵니다.

참되고도 깨끗하며 위대하신 묘법연화경을 독송하옵고 지니오며 말씀과 같이 수행하면서 보현보살과 모든 부처님을 향하여 향 사르고 꽃 뿌리며 (꽃을 바치며) 귀의하옵니다. (반배)

의근의 허물과 죄업을 드러내어 감히 덮어 감추지

---

7) 비로자나(毘盧遮那) : 이는 산스크리트어 바이로차나의 음사로 광명변조(光明遍照-광명이 두루 비춤) 또는 변일체처(遍一切處-일체처에 두루함)로 번역함. 법신, 보신, 화신을 삼신이라 하는데 여기서는 석가모니불을 화신으로만 보지 않고 법신으로도 봄.

아니하고 사뢰옵나니, 이러한 인연으로 저는 물론 법계 중생의 의근(意根)으로 지은 모든 무거운 죄와 내지 의근으로 이미 일으켰고, 지금 일으키고, 미래에 일으킬 일체 모든 악업을 깨끗이 씻도록 참회하옵나니 결국에는 청정케 하옵소서! (큰절)

제가 이제 세세생생토록 뜻으로 지은 모든 죄업을 참회드리오니 부처님이시여, 자비로써 거두어 주옵소서! (큰절)

제가 이제 세세생생토록 뜻으로 지은 모든 죄업을 참회드리오니 부처님이시여, 자비로써 거두어 주옵소서! (큰절)

2) 권청(勸請)

(호궤 또는 무릎을 꿇고서)

비구 ○○는 (불자 ○○는) 지극한 마음으로 권청하옵니다.

시방법계 헤아릴 수 없는 부처님이시여! 원하옵건대 오래도록 머무셔서 진리의 수레바퀴를 굴리시어, 존재하는 모든 중생들이 본래 청정한 자리로 돌아가게 하옵시고, 여래께서는 그런 연후에 돌아가 상주하

옵소서! (반배)

권청을 마치옵고 목숨을 다해 귀의하옵나니.

- 나무석가모니불 (큰절)
- 나무묘법연화경 (큰절)
- 나무보현보살 일체삼보 (큰절)

3) 수희(隨喜)

비구 ○○는 (불자 ○○는) 지극한 마음으로 수희하옵니다.

불보살님들의 모든 공덕과 범부들의 고요하거나 산란 속에 지은, 모양 있는 선(善)과 유루(有漏)·무루(無漏)의 일체 행을 모두가 다 함께 따라 기뻐하나이다. (반배)

수희를 마치옵고 목숨을 다해 귀의하옵나니.

- 나무석가모니불 (큰절)
- 나무묘법연화경 (큰절)
- 나무보현보살 일체삼보 (큰절)

4) 회향(迴向)

비구 ○○는 (불자 ○○는) 지극한 마음으로 회향하옵니다.

삼업(三業)으로 닦은바 모든 선(善)을 시방세계 항하사 부처님께 공양하옵고, 허공 법계의 미래가 다하도록 원하옵건대 이러한 복을 불도 구하는데 회향하옵나이다. (반배)

회향을 마치옵고 목숨을 다해 귀의하옵나니.

- 나무석가모니불 (큰절)
- 나무묘법연화경 (큰절)
- 나무보현보살 일체삼보 (큰절)

5) 발원(發願)

비구 ○○는 (불자 ○○는) 지극한 마음으로 발원하옵니다.

죽음을 맞이할 적에 정신이 어지럽지 아니하고, 바른 생각으로 곧바로 극락세계에 왕생하여 아미타불을 받들어 친견하옵고 뭇 성인도 만나옵길 원하오며, 십지(十地)를 수행하여 상락아정(常樂我淨) 증득하기

를 지극한 마음으로 발원하옵나이다. (반배)

발원을 마치옵고 목숨을 다해 귀의하옵나니.

- 나무석가모니불 (큰절)
- 나무묘법연화경 (큰절)
- 나무보현보살 일체삼보 (큰절)

6) 행도(行道)

(마련한 법상이 있으면 그 법상을 돌면서 하고 마련하지 못했으면 경전과 부처님을 향하여)

- 나무시방불 나무시방법 나무시방승

　나무법화교주 석가모니불

　나무진정대법 묘법연화경

　나무증청묘법 다보여래

　나무시방 분신제불

　나무극락도사 아미타불

　나무보불양화 문수사리보살마하살

　나무권발유통 보현보살마하살

　나무법화회상 무량무변 일체보살마하살

(큰절, 3회 반복)

8. 삼귀의(三歸依)

- 온 마음을 기울여 부처님께 귀의하오니, 원하옵건대 중생들이 대도(大道)를 몸소 깨닫도록 보리심을 내게 하옵소서! (큰절)
- 온 마음을 기울여 가르침에 귀의하오니, 원하옵건대 중생들이 법화경의 비밀 창고에 깊이 들어가 지혜가 바다 같게 하옵소서! (큰절)
- 온 마음을 기울여 승가에 귀의하오니, 원하옵건대 중생들이 대중과 잘 소통하여 무엇에도 걸림 없게 하옵소서! (큰절)

 삼보에 귀의를 마치옵고 지은바 모든 공덕을 일체 중생에게 베푸나니 모두가 함께 성불할지어다. (반배)

◎ 모두 마치고 난 뒤에 고요히 좌선을 하되, 일체법이 불생(不生)이요 일체법이 불멸(不滅)이라 그 무엇에도 집착하지 않고 무념을 성취토록 함.

〈대승육정참회(大乘六情懺悔)[1]〉

해동사문 석원효 지음(撰)

각운 석봉곡 편역(編譯)

만약에 법계에 의지하여 처음 여기저기 다니면서 수행하는 사람이라면 가고 머물며 앉고 누움에 있어서 한 동작도 헛됨이 없어야 하고, 제불의 불가사의한 공덕을 염하면서 항상 실상을 생각하여 묵은 업장을 녹여야 하며, 널리 육도에 윤회하는 끝없는 중생을 위하여, 시방의 한량없는 제불에게 목숨을 던져 의지해야 한다.

부처님들은 서로가 다르지도 않지만, 그렇다고 하나라고 할 수도 없다. 하나가 곧 일체며, 일체가 바로 하나이기 때문이니, 비록 머무는 바가 없으나 머물지 않음도 없으며, 함이 없으나 하지 않는 바도 없으시다.

낱낱의 상호와 낱낱의 털구멍마다 끝없는 공간과 한없는 시간을 펼치되, 장애도 없고 차별도 없이 중생

---

[1] 이 부분은 원효성사의 저술로 대승의 육근 참회법이다. (육정은 곧 '안이비설신의' 육근을 말한다.)

들을 교화하여 잠시도 쉬지 아니하니, 어인 까닭인고?

시방과 삼세가 한 티끌과 한 찰나이고, 생사와 열반이 둘이 아니기에 차별이 없으며, 대자비와 반야는 취할 수도 없고 버릴 수도 없으니, 이는 여래의 18불공법과 상응하기 때문이다.

지금의 이곳 연화장세계에는 비로자나 부처님께서 연화대에 앉으시어 끝없는 광명을 놓으시고 한량없는 중생을 모아 놓고 굴릴 것이 없는 대승법의 수레를 굴리시며, 허공 가득 충만한 보살 대중도 누릴 것이 없는 대승법의 즐거움을 누리건마는,

지금의 우리들은 이곳 하나의 실상과 삼보의 허물 없는 곳에 함께 있으면서도 보지도 못하고 듣지도 못하기를 귀먹고 눈먼 자와 같아서 불성이 있지 아니하니, 어찌하여 이와 같은고?

무명으로 전도된 망상으로 바깥의 대상을 만들고, 나(我)와 나의 것(我所)에 집착하여 가지가지 업을 짓고서는 스스로 덮어 가렸기 때문에 보고 들을 수 없게 되었나니, 마치 (목마른) 아귀가 하천에 다다라 물을 불로 보는 것과 같다.

그렇기에 지금 부처님 앞에 깊이 부끄러운 마음을

내고 보리심을 일으켜 정성 어린 마음으로 (다음과 같이) 참회할지어다.

'저를 비롯한 중생들은 시작 없는 때로부터 무명에 취해 지은 죄가 헤아릴 수 없어 오역죄와 열 가지 악업을 짓지 않은 바가 없사오니, 스스로 짓고 남에게도 시켰으며, 짓는 것을 보고 따라 기뻐하기도 하였사오니, 이와 같이 많은 죄들을 가히 헤아릴 수가 없나이다.

이미 지은 죄업은 깊이 부끄러운 마음을 내고, 아직 짓지 않은 죄업은 다시는 감히 짓지 않겠사오니, 제불과 성현들께서는 증명하여 주옵소서!'

이런 모든 죄는 진실로 있다 할 것이 없지만, 많은 인연이 화합한 것을 거짓으로 업이라 이름했을 뿐이다. 그 인연 자체를 들여다봐도 업이 없고, 인연을 떠나서도 업은 없다. (그 사람의) 안에도 있지 않고, 밖에도 있지 않으며, 중간에도 있지 않거니와 (시간상으로도) 과거는 이미 사라졌고, 미래는 생기지 않았으며, 현재는 머무를 수 없다.

그러므로 지었다 해도 그것은 머무를 수가 없으며 그렇기에 생기는 것 또한 없나니, 먼저 있었다면 (지금) 생겼다 할 수 없고, 먼저 없었다면 어찌 생겼다 하겠는가?

만약에 본래 없는 것과 지금 있다는 두 가지 의미가 합한 것이 생긴 것이라고 말한다면, 본무(本無:본래 없음)일 경우에는 마땅히 금유(今有:현재 있음)가 없거나, 금유(今有)일 경우에는 마땅히 본무(本無)가 없어야 한다.

앞과 뒤가 서로 미치지 않으며 유(有)와 무(無)가 서로 합하지 않아서 두 가지 뜻이 모두 합당치 않으니, 어느 곳에서 생겼다고 하겠는가?

합한다는 의미가 이미 무너졌으니 흩어짐도 또한 성립될 수 없다. 합하지도 않고 흩어짐도 아니며, 유(有)도 아니고 무(無)도 아니다.

무(無)일 경우에는 유(有)가 없으니 무엇을 상대하여 무(無)라 할 것이며, 유(有)일 경우에는 무(無)가 없으니 무엇을 상대하여 유(有)가 되겠는가? 선후와 유무가 모두 성립될 수 없다.

마찬가지로 업의 본성(業性)도 본래부터 무생(無生)

이라는 것을 분명히 알아야 한다. (나아가) 본래부터 생겨나지 않았으니, 어느 곳에 무생(無生)인들 있겠는가? 생김이 있고 생김이 없음을 모두 얻을 수 없으니, 얻을 수 없다는 말도 또한 얻을 수 없다. 업의 본성이 이렇듯이 제불 역시 그러하다.

경전에서 설하기를[2] "비유컨대 중생이 모든 업을 지음에 혹은 선하고 혹은 악하기도 하지만, 안도 아니고 바깥도 아닌 것과 같다. 이와 같이 업의 본성은 있는 것도 아니고 없는 것도 아니다.

또한 다시 이와 같이 본래 없던 것이 지금 있게 된 것은 원인 없이 생긴 것이 아니다. 지을 것도 없고 받을 것도 없지만, 시절 인연이 화합하기 때문에 과보를 받는 것이다."라고 하셨다.

수행자가 만약에 능히 이와 같은 실상을 끊임없이 사유하여 참회한다면, 네 가지 무거운 죄와 오역죄도 마치 불이 허공을 태울 수 없는 것처럼 어찌할 수 없을 것이다.

만일 방일하며 부끄러워하지 않고 능히 업의 실상을 사유하지 않는다면, 비록 죄의 본성이 없다고는

---

2) 경전에서 설하기를 : 대반열반경의 사자후품을 인용함.

하지만 지옥에 떨어질 것이니 마치 환술사가 만든 호랑이가 환술사를 삼키는 것과도 같다.

이런 까닭에 시방의 부처님 앞에 깊이 부끄러운 마음을 내어 참회할지니, 이와 같이 참회할 적에는 한다는 생각조차 없이 마땅히 참회의 실상만을 사유하여야 한다.

참회할 죄가 이미 있지를 아니하니 어찌 참회할 주체가 있겠으며, 참회할 주체나 참회할 대상이 모두 없으니 어느 자리에 참회하는 법인들 있겠는가? 모든 업장을 이와 같이 참회하고 나서 또한 마땅히 육정3)의 방일함을 (다음과 같이) 참회할지어다.

'저와 중생들은 시작이 없는 때로부터 모든 법은 본래부터 생기지 않는다는 것을 알지 못하고 망상으로 전도되어 나와 나의 것이라고 헤아리며, 안으로 육정을 세워 그것에 의지하여 식(識)을 내고 밖으로는 육진(六塵)을 만들어 실제로 있는 것이라 집착하였습니다.

이것은 모두가 제 마음이 지은 것으로 허깨비 같고

---

3) 육정(六情) : 눈, 귀, 코, 혀, 몸, 뜻의 육근.

꿈 같아서 영원히 있는 것이 아님을 알지 못한 채, 그 속에서 남자나 여자라는 등의 관념을 제멋대로 헤아려서 모든 번뇌를 일으키고 스스로가 얽매고 속박되어 오래도록 고해에 빠져 벗어나는 요로[4]를 구하지 않았나이다.'

고요히 생각해 보면 참으로 괴이하지 않을 수 없다. 마치 잠잘 적에 수면이 마음을 덮어 허망하게 자기의 몸이 큰물에 표류하는 것을 보는 것과 같아서, 다만 이것은 꿈속에서 마음이 만든 것인 줄 모르고 실제로 물에 빠져 헤맨다고 생각하여 몹시도 두려워 겁을 내는 것이며,

(만약에) 꿈을 깨지 않은 채 다시 다른 꿈을 꾸면서 '내가 본 것은 꿈이지 실제가 아니다.'라고 말한다면, 이 사람은 심성이 총명한 자로 꿈속에서 꿈이라는 걸 알고서 물에 빠진 것을 겁내지 않는 것이다.

그럴지라도 아직 자기의 몸이 침상에 누워 있다는 것은 알지 못하기에, 머리를 움직이고 손을 흔들면서 완전히 깨어나려고 하다가 완전히 깨어나고서 앞에

---

4) 요로(要路) : 가장 중요한 길. 요진(要津).

꾸었던 꿈을 추구(追究)해 생각해 보면, 물과 떠내려 간 몸이 둘 다 없고, 오직 본래 고요히 침상에 누워 있는 것을 보게 되나니.

(중생의) 긴 꿈도 또한 이와 같아 무명이 마음을 덮어 망상으로 육도를 만들어 여덟 가지 괴로움의 바다를 윤회하다가, 안으로는 모든 부처님의 불가사의한 훈습[5]에 힘입고 밖으로는 제불의 대비원력에 의지하여 비슷하게나마 겨우 믿고 이해하게 된 것이니 (다음과 같이 관하라.)

'저를 비롯한 중생들은 오직 잠에 빠져 긴 꿈속에서 허망하게도 실제라고 생각하고 그릇되게 육진과 남녀라는 관념에 이리저리 휘둘렸으니, 이것은 모두 나의 꿈으로 영구히 실제의 일이 아니거늘 무엇을 기뻐하고 즐거워하며, 무엇을 탐하고 성낼 것이 있으리오.'

이와 같은 몽관(夢觀)[6]을 끊임없이 사유하면 점점

---

5) 훈습(熏習) : 향냄새가 옷에 배는 것처럼 부처님의 가피나 수행이 본인도 모르게 스며듦을 말함.
6) 몽관 : 모든 움직임과 안팎의 일을 전부 꿈속의 일로 관하다 나중에는 꿈이라 관하는 것도 꿈이라고 관하여야 한다.

여몽삼매(如夢三昧)7)를 닦아 얻게 되나니, 이 삼매로 말미암아 무생법인(無生法忍)을 얻어 마침내 긴 꿈에서 활연히 깨어나서 본래부터 이어지는 윤회란 영원토록 없고, 다만 이 일심(一心)이 한결같이 평등한 침대에 누워 있다는 것을 알게 되리라.

만일 능히 (꿈속에서) 벗어나기를 이와 같이 끊임없이 사유한다면, 비록 육진을 대할지라도 실제로 삼지 않고, 번뇌를 부끄럽게 여겨 능히 스스로 방일할 수 없을 것이니, 이것을 '대승육정참회'라고 부른다.

---

7) 여몽삼매 : 몽관을 닦아서 얻는 삼매. 이 삼매를 얻게 되면 업이 공하다는 걸 철저히 꿰뚫어 알게 되니 이 대승육정참회의 핵심이다.

大乘六情懺悔

釋元曉 撰

若依法界始遊行者 於四威儀無一唐遊 念諸佛不思議德 常思實相朽銷業障 普爲六道無邊衆生 歸命十方無量諸佛 諸佛不異而亦非一 一卽一切一切卽一 雖無所住而無不住 雖無所爲而無不爲 一一相好一一毛孔 遍無邊界盡未來際 無障無礙無有差別 敎化衆生無有休息 所以者何 十方三世一塵一念 生死涅槃無二無別 大悲般若不取不捨 以得不共法相應故 今於此處蓮花藏界 盧舍那佛坐蓮花臺 放無邊光 集無量衆生 轉無所轉大乘法輪 菩薩大衆遍滿虛空 受無所受大乘法樂 而今我等同在於此 一實三寶無過之處 不見不聞如聾如盲 無有佛性 何爲如是 無明顚倒妄作外塵 執我我所造種種業 自以覆弊不得見聞 猶如餓鬼臨河見火 故今佛前深生慚愧 發菩提心誠心懺悔 我及衆生 無始以來 無明所醉作罪無量 五逆十惡無所不造 自作敎他見作隨喜 如是衆罪不可稱數 諸佛賢聖之所證知 已作之罪深生慚愧 所未作者更不敢作 此諸罪實無所有 衆緣和合假名爲業 卽緣無業離緣亦無 非內非外不在中間 過去已滅 未來未生 現在無住 故所作

以其無住 故亦無生 先有非生先無誰生 若言本無及與今有 二義和合名爲生者 當本無時卽無今有 當今有時非有本無 先後不及有無不合 二義無合 何處有生 合義旣壞散亦不成 不合不散非有非無 無時無有對何爲無 有時無無對 誰爲有 先後有無皆不得成 當知業性本來無生 從本以來不得有生 當於何處得有無生 有生無生俱不可得 言不可得亦不可得 業性如是諸佛亦爾 如經說言 譬如衆生造作諸業 若善若惡 非內非外 如是業性非有非無 亦復如是 本無今有非無因生 無作無受 時節和合故得果報 行者若能數數思惟 如是實相而懺悔者 四重五逆無所能爲 猶如虛空不爲火燒 如其放逸無慚無愧 不能思惟業實相者 雖無罪性將入泥梨 猶如幻虎還呑幻師 是故當於十方佛前 深生慚愧而作懺悔 作是悔時莫以爲作 卽應思惟懺悔實相 所悔之罪旣無所有 云何得有能懺悔者 能悔所悔皆不可得 當於何處得有悔法 於諸業障作是悔已 亦應懺悔六情放逸 我及衆生無始已來 不解諸法本來無生 妄想顚倒計我我所 內立六情依而生識 外作六塵執爲實有 不知皆是自心所作 如幻如夢永無所有 於中橫計男女等相 起諸煩惱自以纏縛 長沒苦海不求出要 靜慮之時甚可怪哉 猶如眠時睡蓋覆心 妄見己身大水所漂 不知但是夢

心所作 謂實流溺生大怖懅 未覺之時更作異夢 謂我所見
是夢非實 心性聰故夢內知夢 即於其溺不生其懅 而未能
知身臥床上 動頭搖手勤求永覺 永覺之時追緣前夢 水與
流身皆無所有 唯見本來靜臥於床 長夢亦爾 無明覆心妄
作六道 流轉八苦 內因諸佛不思議熏 外依諸佛大悲願力
髣髴信解 我及衆生 唯寢長夢妄計爲實 違順六塵男女二
相 並是我夢 永無實事 何所憂喜何所貪瞋 數數思惟 如
是夢觀 漸漸修得如夢三昧 由此三昧得無生忍 從於長夢
豁然而覺 即知本來永無流轉 但是一心臥一如床 若離能
如是 數數思惟 雖緣六塵不以爲實 煩惱羞愧不能自逸
是名大乘六情懺悔（新修大藏經 鎌倉時代寫京都寶菩提
院藏本）

〈화엄경 입법계품 중 발보리심에 대한 부분〉[1]

   선재동자가 이르기를 :
"성자께선 언제 마땅히 아뇩다라삼먁삼보리를 얻으셨나이까?"
   (휴사 우바이께서) 답하시길 :
"선남자여! 보살이 한 중생을 교화 조복시키기 위한 까닭에 보리심을 일으킨 것이 아니며, 백 명의 중생을 교화 조복시키기 위한 까닭에 보리심을 일으킨 것이 아니며, 내지 불가설불가설전(不可說不可說轉) 중생을 교화 조복시키기 위한 까닭에 보리심을 일으킨 것이 아니며, 한 세계의 중생을 교화하기 위한 까닭에 보리심을 일으킨 것이 아니며, 내지 불가설불가설전 세계의 중생을 교화하기 위한 까닭에 보리심을 일으킨 것이 아니며, 염부제 미진수 세계의 중생을 교화하기 위한 까닭에 보리심을 일으킨 것이 아니며, 삼천대천세계 미진수 세계의 중생을 교화하기 위한 까닭에 보리심을 일으킨 것이 아니며, 내지 불가설

---

1) 이 글을 읽으시고 단 한 분만이라도 보리심을 내신다면 더할 나위 없겠사오니, 법화행자시여! 발보리심 하옵소서!

불가설전 삼천대천세계 미진수 세계의 중생을 교화하기 위한 까닭에 보리심을 일으킨 것이 아니며,

   한 분의 여래를 공양하기 위한 까닭에 보리심을 일으킨 것이 아니며, 내지 불가설불가설전의 여래를 공양하기 위한 까닭에 보리심을 일으킨 것이 아니며, 한 세계 가운데 차례로 세상에 나오신 모든 여래를 공양하기 위한 까닭에 보리심을 일으킨 것이 아니며, 내지 불가설불가설전 세계 가운데 차례로 세상에 나오신 모든 여래를 공양하기 위하기 때문에 보리심을 일으킨 것이 아니며, 한 삼천대천세계 미진수 세계 가운데 차례로 세상에 나오신 모든 여래를 공양하기 위하기 때문에 보리심을 일으킨 것이 아니며, 내지 불가설불가설전 불찰 미진수 세계 가운데 차례로 세상에 나오신 모든 여래를 공양하기 위한 까닭에 보리심을 일으킨 것이 아니며,

   한 세계를 엄정키 위한 까닭에 보리심을 일으킨 것이 아니며, 내지 불가설불가설전의 세계를 엄정하기 위한 까닭에 보리심을 일으킨 것이 아니며, 한 삼천대천 미진수 세계를 엄정키 위한 까닭에 보리심을 일으킨 것이 아니며, 내지 불가설불가설전 불찰 미진수 세계를

엄정키 위한 까닭에 보리심을 일으킨 것이 아니며,
　한 분 여래의 유법(遺法:남기신 가르침)을 주지(住持)하기 위한 까닭에 보리심을 일으킨 것이 아니며, 내지 불가설불가설전 여래의 유법(遺法)을 주지(住持)하기 위한 까닭에 보리심을 일으킨 것이 아니며, 한 세계 여래의 유법(遺法)을 주지(住持)하기 위한 까닭에 보리심을 일으킨 것이 아니며, 내지 불가설불가설전 세계 여래의 유법(遺法)을 주지(住持)하기 위한 까닭에 보리심을 일으킨 것이 아니며, 한 염부제 미진수 세계 여래의 유법(遺法)을 주지(住持)하기 위한 까닭에 보리심을 일으킨 것이 아니며, 내지 불가설불가설전 불찰 미진수 세계 여래의 유법(遺法)을 주지(住持)하기 위한 까닭에 보리심을 일으킨 것이 아니며,
　이와 같이 간략하게 설하건대 한 부처님의 서원을 만족시키기 위함이 아니기 때문이며, 한 불국토에 가기 위함이 아니기 때문이며, 한 부처님의 중회(衆會)에 들어가기 위함이 아니기 때문이며, 한 부처님의 법안(法眼)을 지니기 위함이 아니기 때문이며, 한 부처님의 법륜을 굴리기 위함이 아니기 때문이며, 한 세계 가운데 모든 겁의 차례를 알기 위함이 아니기

때문이며,

　한 중생의 심해(心海)를 알기 위함이 아니기 때문이며, 한 중생의 근해(根海)를 알기 위함이 아니기 때문이며, 한 중생의 업해(業海)를 알기 위함이 아니기 때문이며, 한 중생의 행해(行海)를 알기 위함이 아니기 때문이며, 한 중생의 번뇌해(煩惱海)를 알기 위함이 아니기 때문이며, 한 중생의 번뇌습해(煩惱習海)를 알기 위함이 아니기 때문이며, 내지 불가설불가설전 미진수 중생의 번뇌습해(煩惱習海)를 알기 위한 까닭에 보리심을 일으킨 것이 아니나니.

　일체중생을 교화 조복시켜 모두 남음이 없게 하고자 한 까닭에 보리심을 일으키며, 일체 제불을 받들어 섬기고 공양하여 모두 남음이 없게 하고자 한 까닭에 보리심을 일으키며, 일체 제불의 국토를 엄정하여 모두 남음이 없게 하고자 한 까닭에 보리심을 일으키며, 일체 제불의 바른 가르침을 보호하고 지녀 모두 남음이 없게 하고자 한 까닭에 보리심을 일으키며, 일체 여래의 서원을 이루어 만족시켜 모두 남음이 없게 하고자 한 까닭에 보리심을 일으키며,

　일체 제불 국토에 가서 모두 남음이 없게 하고자

한 까닭에 보리심을 일으키며, 일체 제불의 중회(衆會)에 들어가 모두 남음이 없게 하고자 한 까닭에 보리심을 일으키며,

    일체 세계 가운데 모든 겁의 차례를 알아서 모두 남음이 없게 하고자 한 까닭에 보리심을 일으키며, 일체중생 심해(心海)를 알아서 모두 남음이 없게 하고자 한 까닭에 보리심을 일으키며, 일체중생 근해(根海)를 알아서 모두 남음이 없게 하고자 한 까닭에 보리심을 일으키며, 일체중생 업해(業海)를 알아서 모두 남음이 없게 하고자 한 까닭에 보리심을 일으키며, 일체중생 행해(行海)를 알아서 모두 남음이 없게 하고자 한 까닭에 보리심을 일으키며, 일체중생의 모든 번뇌해(煩惱海)를 없애 모두 남음이 없게 하고자 한 까닭에 보리심을 일으키며, 일체중생의 번뇌습해(煩惱習海)를 뽑아주어 모두 남음이 없게 하고자 한 까닭에 보리심을 일으키나니.

    선남자여! 요점을 취하여 말하건대, 보살이 이와 같은 백천만 억 아승기의 방편들을 쓴 까닭에 보리심을 일으키느니라.

각운 석봉곡(覺雲 釋峰谷)

범어사 출가
현재 불갑사 전일암 거주
저서로 『금강반야바라밀경(독송본)』, 『묘법연화경(현토, 한글)』(전2권), 『묘법연화경삼매참법』이 있고, 시집 『시에게 주는 시어 하나』를 펴냈다.
T. 010-5558-4312 | E-mail. mahaya14@hanmail.net

생명의 꽃 묘법연화

불기 2569(乙巳)년 6월 15일 1쇄 인쇄
불기 2569(乙巳)년 6월 30일 1쇄 발행

편저자	각운 석봉곡(覺雲 釋峰谷)
표지글씨	각운 석봉곡(覺雲 釋峰谷)
펴낸곳	(주)조계종출판사
출판등록	제2007-000078호(등록일 2007년 4월 27일)
주소	서울시 종로구 삼봉로 81 두산위브파빌리온 1308호
전화	02-720-6107
전송	02-733-6708
이메일	jogyebooks@naver.com

ISBN 979-11-5580-255-7 03220

책값은 뒤표지에 표시되어 있습니다.
본 책의 글 내용과 그림의 전재 및 복제를 금합니다.

조계종출판사 지혜와 자비의 눈으로 세상을 바라봅니다.